eビジネス新書

No.341

週刊 東洋経済

就職氷河期を救え！

週刊東洋経済eビジネス新書　No.341

就職氷河期を救え！

本書は、東洋経済新報社刊『週刊東洋経済』２０２０年1月25日号より抜粋、加筆修正のうえ制作しています。情報は底本編集当時のものです。（標準読了時間　９０分）

就職氷河期を救え！　目次

風雲急を告げる就職氷河期世代の支援政策

これが就職氷河期世代の全貌だ

バブル崩壊後の不況期に学校を卒業し、就職難に苦しんできた就職氷河期世代。彼らをめぐる状況が激変し始めている。

2019年夏、氷河期世代のひきこもりに関連する殺人事件が立て続けに起き、80代の老親が50代の子どもの生活を支える「8050問題」の主役が、氷河期世代に移りつつあることを認識させた。

他方、ますます進む人手不足により、今まで敬遠されてきた氷河期世代の正社員採用がいよいよ中小企業を中心に広がってきた。まさに、このタイミングで集中的な氷河期世代への就労支援、ひきこもり支援を開始するのが安倍政権だ。3年間で650億円の予算を確保し、2020年4月に支援プログラムを始動。氷河期世代の抱える問題を軽減、解消しようという機運は今まで以上に高まっている。

本誌では、中高年になった氷河期世代の今を伝えるとともに、当事者や親、企業の人事担当者に向けて、就労支援やひきこもり支援の現状と課題、成功へのノウハウを紹介する。本論に入る前に、データで氷河期世代の現状をおさらいしておこう。意外なほど、間違ったイメージもはびこっている。


この10年間で氷河期世代の雇用形態がどう変化したかを見たのが次図だ。2012年以降の景気拡大により、男性の非正規雇用から正社員へのシフトは着実に進んだ。女性の非正規雇用増は、パートで働く専業主婦が増えたためと考えられる。氷河期世代の非正規比率は前後の世代と大差ない。

若年者の就業状況を長年研究してきた労働政策研究・研修機構の堀　有喜衣（ほりゆきえ）・主任研究員は、「団塊ジュニアを含む氷河期世代は、非正規雇用者数のボリュームが大きいこと、正社員といっても賃金などの条件がほかの世代より悪いことが課題として残る」と指摘する。

1 過去10年間で大きく変わった雇用形態

—氷河期世代の就業状況—

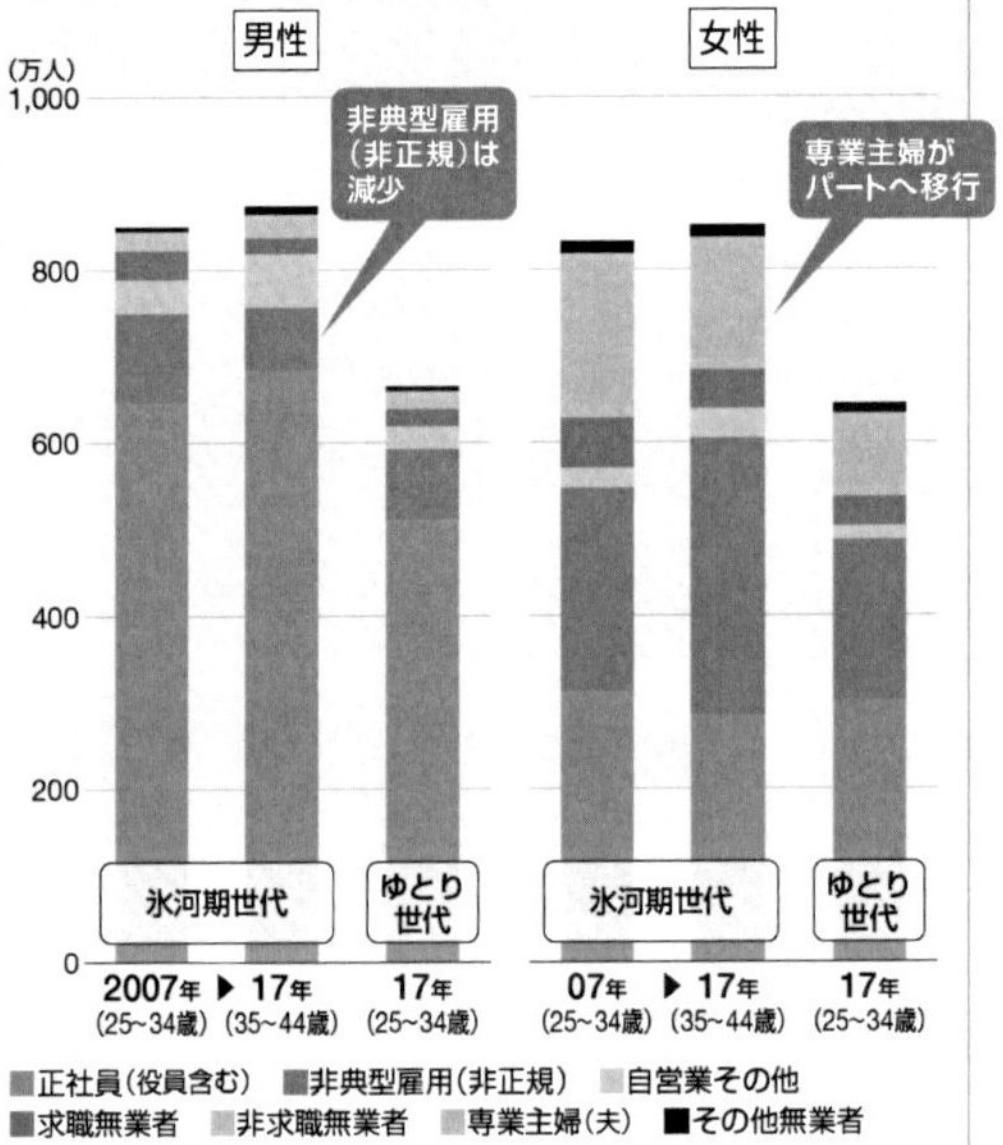

(出所)労働政策研究・研修機構「若年者の就業状況・キャリア・職業能力開発の現状」(2009年9月、19年6月)のデータを基に本誌推計

氷河期の真の課題

では、正社員の賃金水準を見ると、氷河期世代の年収は、10年前、バブル世代が同じ年齢だったときと比べ、40~80万円少ない。就職難だった氷河期世代は、相対的に賃金の低い中小企業への正社員就職が多かったためだ。

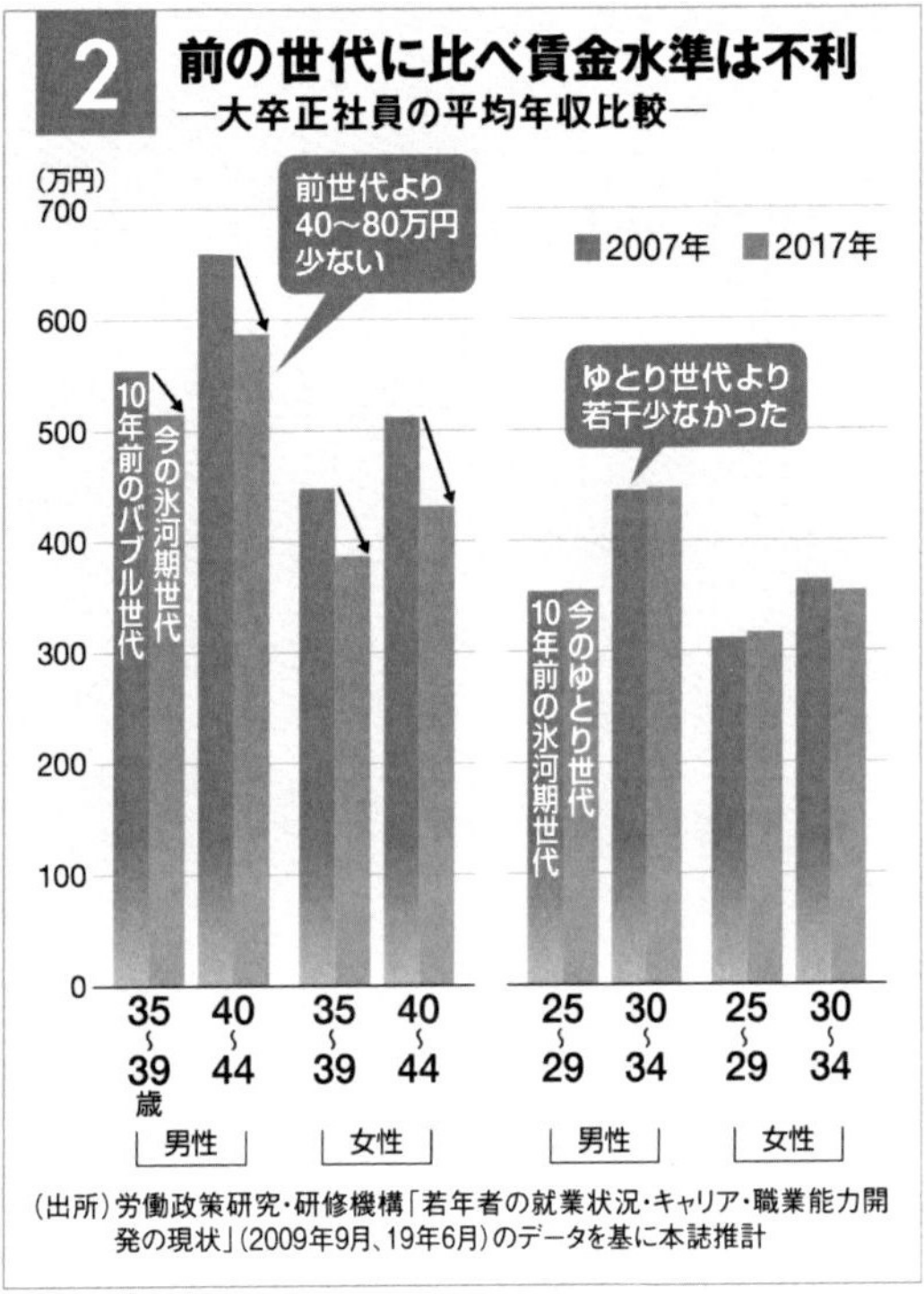
2
前の世代に比べ賃金水準は不利
―大卒正社員の平均年収比較―
(万円)
700
600
500
400
300
200
100
0
前世代より40〜80万円少ない
2007年
2017年
10年前のバブル世代
今の氷河期世代
ゆとり世代より若干少なかった
10年前の氷河期世代
今のゆとり世代
35〜39歳
40〜44
35〜39
40〜44
25〜29
30〜34
25〜29
30〜34
男性
女性
男性
女性
(出所)労働政策研究・研修機構「若年者の就業状況・キャリア・職業能力開発の現状」(2009年9月、19年6月)のデータを基に本誌推計

また、パート主婦を除けば、氷河期世代のフリーター数は急減していることを示す。
一方でニート（非求職無業者）は景気拡大にもかかわらずむしろ増えている。

3 フリーターは減り続けている
—氷河期世代のフリーター数—

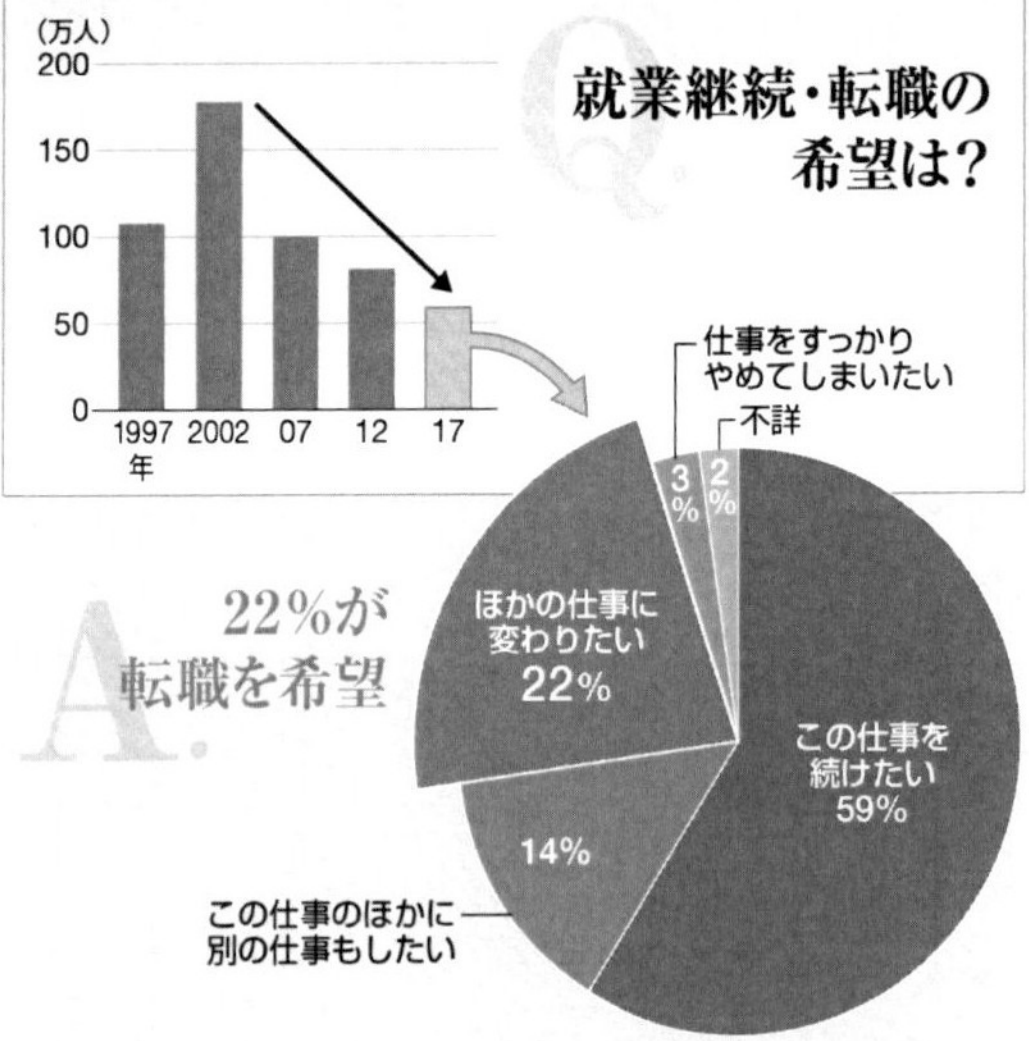

(注)フリーターは非在学、女子の場合は未婚のパート・アルバイト
(出所)労働政策研究・研修機構「若年者の就業状況・キャリア・職業能力開発の現状」(2009年9月、19年6月)のデータを基に本誌推計

だが、就業希望のあるニートの49%は、求職活動をしない理由を「病気・ケガのため」と答えている。ひきこもりの3割強は精神疾患があるという別の調査結果とも符合する。ニートの約4割は単身世帯で年収100万円未満が66%を占める。

4 ニート(非求職無業者)はむしろ増えている
―氷河期世代の非求職無業者数―

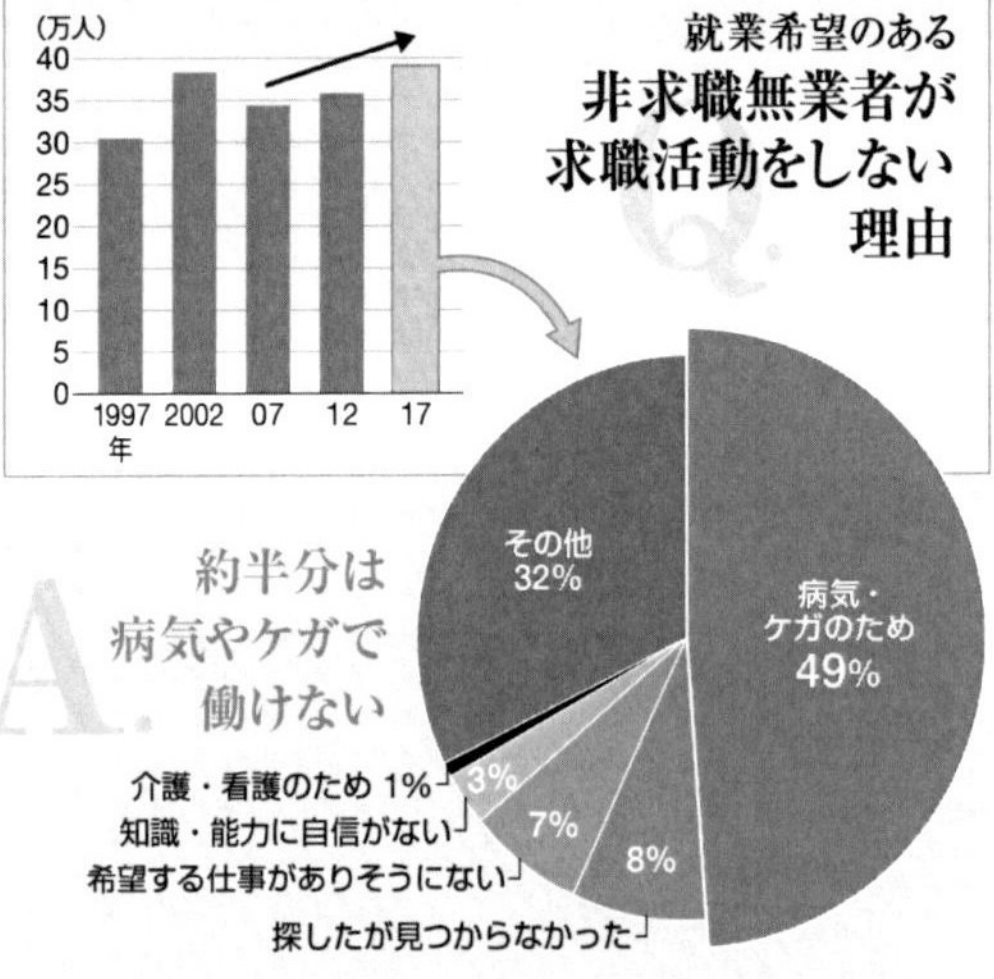

(注)非求職無業者は、無業で求職活動をしていない者のうち、卒業者かつ通学しておらず、配偶者なしで家事を行っていない者
(出所)労働政策研究・研修機構「若年者の就業状況・キャリア・職業能力開発の現状」(2009年9月、19年6月)のデータを基に本誌作成

ただ、親と同居のニートの世帯年収は親がまだ働いていて高めだが、リタイアや死亡の後には、単身と同様、生活困窮化が予想される。

5 ニートの約6割は親の収入に依存

—氷河期世代の非求職無業者の世帯構成別世帯収入—

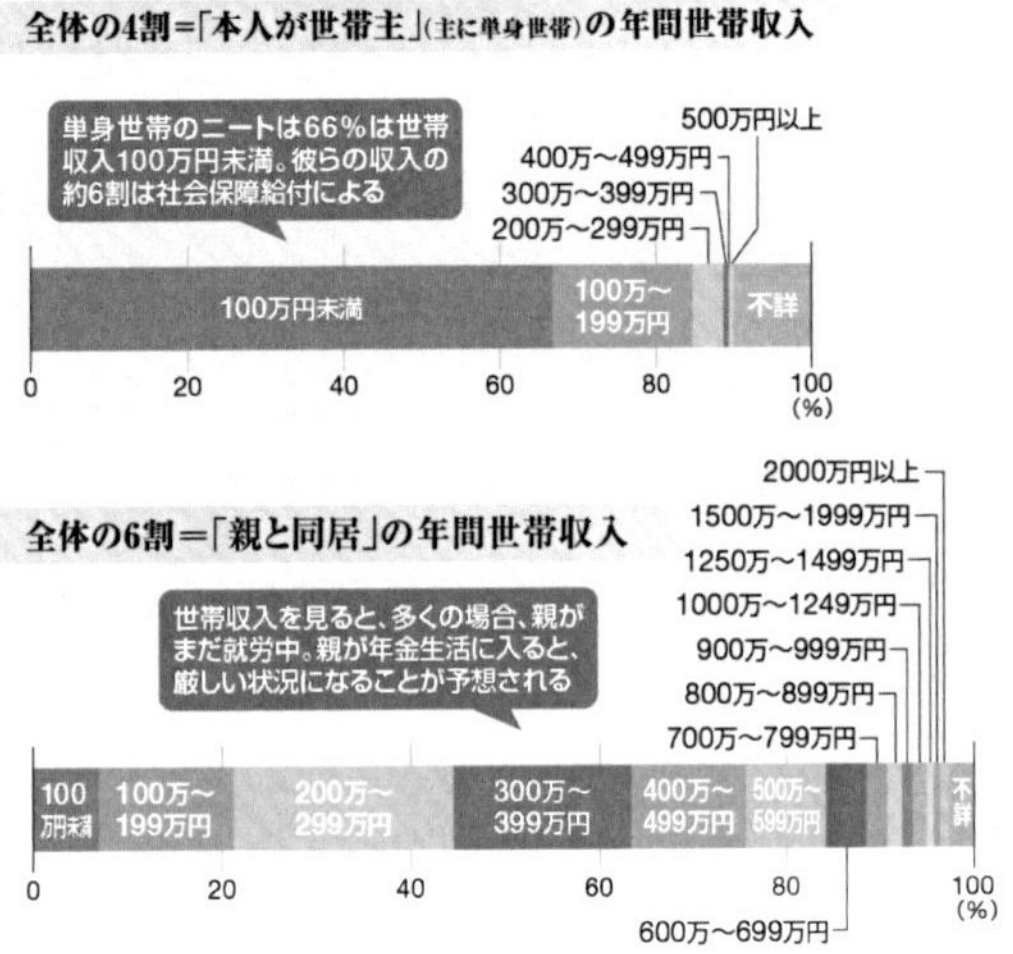

（出所）労働政策研究・研修機構「若年者の就業状況・キャリア・職業能力開発の現状」（2009年9月、19年6月）のデータを基に本誌作成

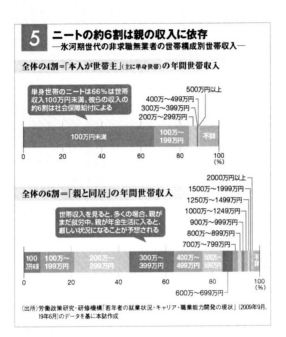

最後に、氷河期世代が将来において、生活保護を受給する可能性を見る。一部週刊誌は「氷河期世代によって生活保護費は30兆円に増える！」と扇動的に報じるが、これは氷河期世代が平均余命まで生きたときの累計数字だ。実際は氷河期世代の潜在的受給者数は、現在の受給者数の4割弱で、単純に上乗せしても現在の生活保護費年4兆円が5・5兆円になる程度。実際には、規模の大きい団塊世代の生活保護受給者と入れ替わるため、そこまで増えない可能性がある。

6 将来の生活保護受給者増は最大でも1.4倍以下

―氷河期世代の生活保護潜在リスク―

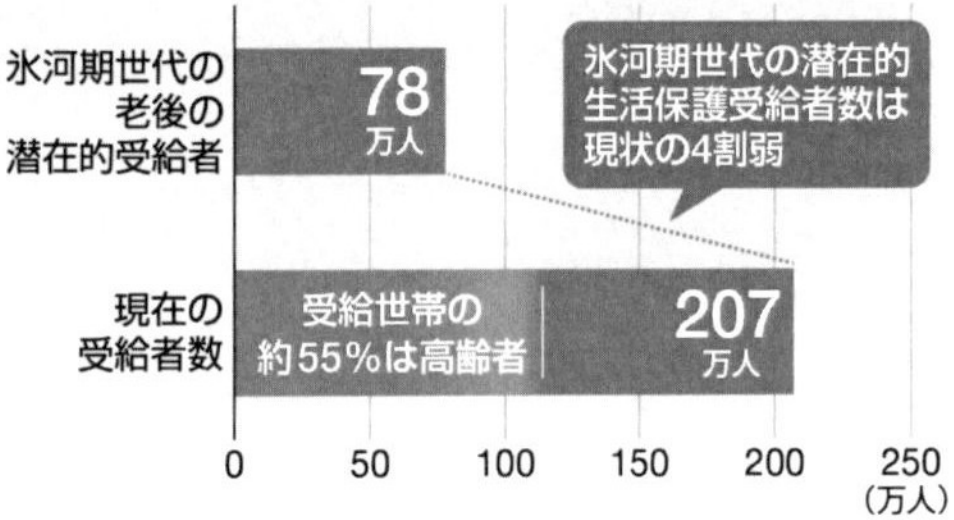

(出所)厚生労働省の月次調査(2019年9月分)、NIRA総合研究開発機構「就職氷河期世代の老後に関するシミュレーション」

氷河期世代への支援では、過度に悲観的になる必要はない。ただ、長年の景気拡大により自力で正社員に転換できる人はすでにあらかた転換しており、残された人たちの多くはメンタル面などに何らかの課題を抱えていることに留意すべきだ。政府は「3年間で正社員30万人増」といった表面的なKPI（評価指標）に拘泥せず、個々人の事情に寄り添った対応を行う必要がある。

（野村明弘）

【ルポ】不遇な時代を生き抜いた4人の男女の肖像

報われぬ氷河期世代のリアル

「雨が降る中での渋滞で集中力が切れ、ふと気がついたら急ブレーキをかけ、原付バイクがスリップしてしまった」。2019年7月、飲食店の宅配代行「ウーバーイーツ」の配送員の男性Aさん（43）は、東京・世田谷区の環七通りで、転倒事故を起こした。

幸い後続車にひかれるようなことはなかったものの、自宅近くの整形外科に駆け込むと、右肩の亜脱臼、左手首の捻挫、そして全身打撲で全治2週間と診断された。別の病院でのCTスキャンなども含めて、1・7万円程度の治療費の支払いを余儀なくされた。その後社内規定に従い、ウーバーの担当部署宛てに事故報告を提出すると、思いもかけない内容の返信メールが届いた。型どおりの見舞い文の後、こんな記載が続いた。

「不注意による事故の場合、配達パートナー様はウーバーシステムへのアクセスを失うことにもなりかねません。厳しい注意喚起ではございますが、今回のようなことが再度あれば、あなたのアカウントは永久停止となるかもしれませんのでご注意下さい」

Aさんはこのメールを見たとき、「失笑するしかなかった」という。「ねぎらわれているのか、脅されているのか……。いずれにせよ、配達中の事故への対応とは、到底思えなかった」。

配達員は、ウーバーとは雇用関係にない個人事業主として扱われている。そのためAさんのように配達中にケガをしても、労災保険の対象外とされる。健康保険や年金など、社会保険料も全額自己負担だ。また警告のようにアカウントが永久停止となれば即座に仕事を失うことになるが、雇用保険の対象にもならない。

2019年10月からは代替策として配達員のケガを補償制度の対象としたが、他方で同11月末には報酬体系を見直して、基礎報酬の単価を引き下げた。Aさんは「ウーバーは手当の引き上げで補填できると言うが、手当は会社側が一方的に決められるもので、何ら収入保証とはならない」と憤る。

アルバイトへの低評価

Aさんが大学を卒業した1999年は、まさに就職氷河期の真っただ中だった。学生時代のPCショップでのアルバイトをそのまま続け、その後は新聞広告の代理店へと転じた。アルバイトとはいえ、平日、土曜午前のフルタイムで働き、手取りは月に20万円超。社会保険も完備されていた。

この仕事を長らく続けたが、業界環境が厳しくなったこともあり、30代半ばで転職を決意した。年齢のこともあり、安定した正社員の仕事を探そうとハローワークにも通ったが、結果は芳しくなかった。「やってきた仕事内容には関心を持ってもらえても、正社員ではなくアルバイトだったと話すと、面接官はみな態度を一変させた。フルタイムであっても、職歴とは認められなかった」（Aさん）。

介護業界に飛び込んだこともあった。ホームヘルパー2級（当時）の資格を取得し、デイサービスで入浴や排泄の介助、利用者の送迎の補助などに携わった。「気を抜くと人が死ぬ職場」という緊張感の一方、アルバイトのため手取りは月12万円程度で、貯金を取り崩しながらの生活を余儀なくされた。

精神的に追い詰められ、自転車で都内の職場に向かっていたはずが、気がついたら遠く相模湖にいたこともあった。しばらく欠勤が続くと、所長から携帯電話に連絡があった。「辞めるなら、私物を取りに来て」とだけ告げられた。

「大学を出てからずっと非正規労働者、そして個人事業主として働いてきたが、結局、人ではなく単なる労働力としてしかみられなかった。時代が悪かった、というだけで済まされる話なのか」（Aさん）

Aさんのように、雇用環境が厳しい1993年から2004年の間に高校、大学を卒業した就職氷河期世代には、希望する就職ができず、現在も不本意ながら不安定な仕事を余儀なくされている人が少なくない。Aさんが卒業した99年などは、未就職卒業者数が実に10万人を超えている。

希望する就職やその後の転職が大卒以上に難しいのは、高卒や高校中退で社会に出たケースだ。

■ 年10万人を超えた氷河期の未就職卒業者数
—高校と大学など未就職卒業者数の推移—

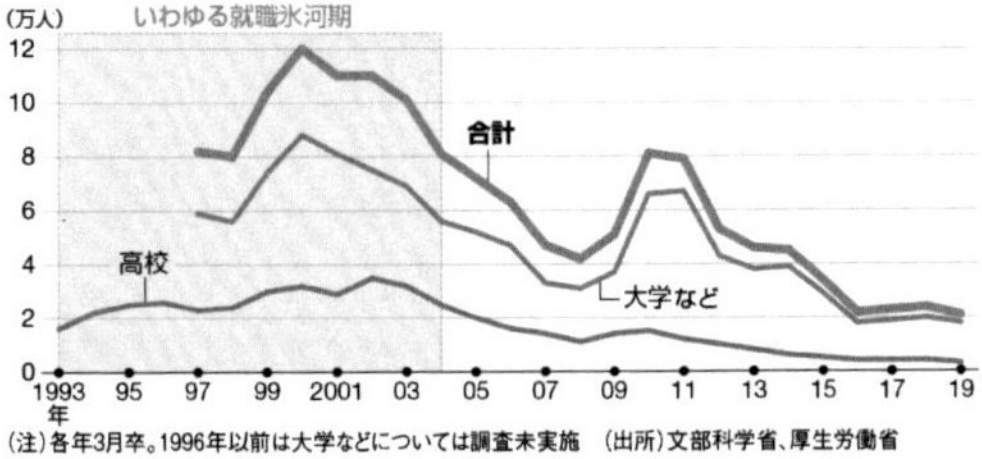

(注)各年3月卒。1996年以前は大学などについては調査未実施 (出所)文部科学省、厚生労働省

高卒女性というハンディ

「高卒はそうとう不利なんだと痛感したのは、正社員の仕事に就こうとしたときだった」。今はフリーランスのデザイナーと訪問介護ヘルパーを掛け持ちして働く女性Bさん（42）は話す。

いじめが原因で私立高校を2年で中退したBさんは、最初はコンビニのアルバイトとして働き始めた。20歳になって深夜も働けるようになると、時給のよい居酒屋でのアルバイトへと移った。日中時間が空いたこともあり、単位制高校に通い、2年間で卒業した。

高卒資格を得たことで、25歳で初めて派遣会社に登録した。深夜の居酒屋が時給1000円だったのに対して、派遣の時給は日中の事務職で1500円前後。「月収ベースでは同世代の正社員よりもらっていたし、派遣ってすごい、と当時は思っていた」（Bさん）。

数年後、20代後半になり派遣の仕事が契約更新されず雇い止めされたときに、将来に不安を感じるようになった。そこで正社員の仕事を探したが、興味を持った仕事の求人はどれも大卒以上を条件とするものばかり。「このときに、皆が無理してでも大学に進学する理由がよくわかった」（Bさん）。

小規模な居酒屋チェーンの本部に正社員として雇われたが、終電近くまで働いても残業代はいっさい出ないうえ、試用期間に示された月収15万円が本採用になっても続く始末だった。

30代となり、また派遣社員に戻ったが、そこに2008年秋のリーマンショックが襲う。事務職の時給の相場は大幅に下がり、新たな仕事もなかなか紹介されなくなった。「稼いでいた時代の貯金がみるみる減っていくのが怖かった」とBさんは当時の不安な心境を語る。

30代後半でパチンコホール運営会社の事務職に就いたが、体調を崩し、急性気管支炎で10日間入院。退院して出社すると退職届が用意されており、「あなたに戻る席はない」と上司から退職を強要される形で職場を追われた。

今はダブルワークで月収15万円程度。メニエール病を患いめまいがひどく、

「20代、30代の頃のように、あくせく働くのは難しくなった」（Bさん）ためだ。正社員でも派遣でも、面接のときには決まって結婚、出産の意向を聞かれることにも辟易した。

「女性が働いて一人で社会生活を送っていくことに、いったい何か問題があるのでしょうか」

より弱い者にシワ寄せ

「非正規というだけで教育の機会もなく、仕事にプライドも自尊心も持てなかった」。30代男性のCさんは、以前働いていた大病院の調理部門での仕事を振り返る。

演奏家のCさんが、本業に差し支えないようにと探したのが、早朝から昼すぎまで、病院食の調理補助の仕事だった。「若い男性が少ない職場だったため、炊飯した10キログラムのコメを何度も抱えて運ぶなど、過酷な力仕事ばかり押し付けられた」。

仕事内容以上にしんどかったのが、病院内の序列を背景とした人間関係だ。「医師がいちばん偉くて、次が看護師や薬剤師。調理師はそうとう下で、当然面白くない。だから、さらに下の自分たちに当たり散らして、ストレスを解消していたのだろう」（Cさん）。

この病院での仕事の時間は、金を稼ぐためだけの、「死んだ時間」だと割り切ることにしたという。ここでは5年間働いたが、Cさんは、「仕事の意義をまったく見いだせない日々だった」と振り返る。

苦しみ続けた10年間

先に触れたリーマンショックによって、Bさんのような事務職以上に甚大な被害を受けたのが、製造現場の非正規労働者たちだ。

2008年秋以降、名だたるメーカーで急激な生産調整が行われ、派遣・請負労働者や期間工など、非正規人員の削減が容赦なく実施された。契約期間の途中で派遣を打ち切るような企業も続出、「派遣切り」として大きく社会問題化した。

「その後もさまざまな仕事に就いたものの、あのクビの切られ方はいちばんショックだった」。現在50歳の男性Dさんは話す。当時、派遣会社から自動車部品メーカーに派遣されていたDさんは、契約期間途中での解雇を通告され、年の瀬に仕事と住まいを同時に奪われた。39歳のときだった。

以前から軽いうつ病を患っていたが解雇後に症状が悪化。福祉施設で働き始めたが2度ほど倒れ、統合失調症と診断された。

その後も、生活保護を受給しながら求職活動を続けたが、保護を抜けられる水準の仕事には就けていない。親との折り合いが悪く身元保証人を立てられないこと、そして40代という年齢も大きなハンディとなった。今は地元の福祉作業所に通っている。

「えり好みしなければ仕事なんていくらでもあるといわれるが、それは違う。派遣切りされてから10年強、自分のように今も苦しんでいる人は、少なくないはずだ」

（風間直樹）

INTERVIEW

氷河期世代の就職難は構造的に生み出された

千葉商科大学 専任講師／働き方評論家・常見陽平

氷河期世代の当事者から上がる声は、なぜ長年にわたって見過ごされてきたのか。今後の彼らへの支援はどうあるべきか。働き方評論家で、千葉商科大学専任講師の常見陽平氏に聞いた。

――そもそも就職氷河期世代、ロストジェネレーション（ロスジェネ）といった言葉が生まれたのはいつ頃ですか。

就職氷河期という言葉のメディアでの初出は、1992年の秋。当時リクルートが発行していた就職情報誌『就職ジャーナル』誌上だった。94年には新語・流行語大賞の「審査員特選造語賞」を受賞した。

ただ氷河期世代にもグラデーションがあり、とりわけ就職が厳しく社会的な問題として認知されるようになったのは受賞から数年後の2000年代初頭だ。リクルートが毎年公表している「大卒求人倍率」が唯一1倍を切ったのは、2000年卒の0・99倍。採用関係者の間ではこの倍率が1・6倍以上だと売り手市場で、それ未満だと買い手市場といわれることからも、この数字の厳しさがわかるだろう。

一時的な不景気ではなく、産業構造が大きく入れ替わり、労使関係の転換も迫られた時期だった。

——具体的には。

1995年には当時の日経連(現・経団連)が「新時代の『日本的経営』」と題した提言を発表した。従来型の正社員の定義を見直し、今後はより雇用の流動化を進めるべきだとする内容だ。

これに呼応したのか、経営者の発言が変わってきた。大企業の入社式での社長あいさつを分析したところ、翌96年ぐらいから、「会社人間はいらない」「プロを目指せ」というメッセージが明確に目立つようになった。それ以前の「みんなで変化に対応していこう」といった主旨から大きく転換した。

就職活動のツールでも、90年代後半から「リクナビ」が台頭。大学名で限定されず自由にエントリーができ、一見、学生と企業が対等の立場かのような幻想を振りまいた。機会は平等なのだから結果は自己責任という、「自己責任論」が力を持つようになった。

自己責任論に当事者反発

――就職できないのは若者の甘えという自己責任論が強まる中、当事者らが反発の声を上げた「ロスジェネ論壇」が盛り上がりました。

人事コンサルタントの城繁幸氏の『若者はなぜ3年で辞めるのか?』(2006年)や、作家の雨宮処凛氏の『生きさせろ!』(2007年)などの著作が注目された。またフリーライターの赤木智弘氏が月刊『論座』（休刊）の2007年1月号に寄せた論文「『丸山眞男』をひっぱたきたい」は論壇にとどまらず、大きな社会的反響を巻き起こした。

氷河期世代の就職難は自己責任などではなく、構造的に生み出されたものだという、ごく当たり前の事実を明らかにしたことが、ロスジェネ論壇の最大の功績だ。

――ようやく政府が本腰を入れた氷河期世代支援への評価は。

彼らに光を当てたこと自体は高く評価できる。ただ、対象者たちはこの20年もの間、国から見捨てられたと感じている人たちだけに、細かく場合分けして、きめ細かい対応を行う必要がある。絶対に避けなければならないのは、人手不足の産業と機械的にマッチングさせるようなことだ。効果的な支援には、彼らの尊厳を守ることが欠かせない。

（聞き手・風間直樹）

常見陽平（つねみ・ようへい）

1974年生まれ。一橋大学商学部卒業。同大学院社会学研究科修士課程修了。リクルート入社。バンダイ、人材コンサルティング会社を経てフリーランス活動をした後、2015年4月から千葉商科大学国際教養学部専任講師。『「就活」と日本社会』など著書多数。

奨学金返済の深い闇

返還しなければ法的手続きに入る ―。大阪府に暮らす田中道子さん（64、仮名）は、ある日送られてきた手紙に驚いた。身に覚えのない奨学金の連帯保証人になっており、借用金額は480万円。借主は10年以上連絡が取れていない息子（40）だった。

息子は高校卒業後に専門学校に入学。学費は亡き夫の遺族年金などから支払ったが、「家賃は自分で何とかする」と言い一人暮らしを始めたという。田中さんは連帯保証人どころか、奨学金を借りていたことも知らなかった。

慌てて送り主の日本学生支援機構の返還相談窓口に電話をすると、「少しずつでも払える額を振り込んでもらえれば大丈夫です」と返済を促されるばかりだった。

法的手続きという言葉に怖くなり、年金から5000円を工面して十数回振り込んだ。ところが、そのお金は延滞金に充てられ、元金はおろか利息すら減っていなかった。2016年に届いた書類には「元金282万円、利息52万円、延滞金141万円」という残額と、月4・6万円を2031年まで払うという返済計画が記されていた。

年金で暮らす田中さんには、到底払えない額だ。弁護士に相談し連帯保証人の契約に署名したとされる書類を取り寄せると、その筆跡は明らかに息子のもの。田中さんの電話番号や郵便番号が誤っているなど不審な点ばかりだった。にもかかわらず、機構（当時、日本育英会）は田中さん本人に何ら確認をしていない。そもそも署名をしておらず、保証人契約は成立していないはずだ。

しかし機構は、督促を受けた田中さんが一部の金額を返済したという理由から、連帯保証人であることを認めたと主張。契約書に署名した事実はないにもかかわらず、返済を求めたのだ。

田中さんは民事訴訟を起こし、裁判は19年末に和解した。その内容は「債務が存在しないことを確認する」という、田中さんの主張を認めるのと同様のものだった。

奨学金問題や労働問題に取り組むNPO法人POSSEには、奨学金の相談が年100〜200件寄せられる。そのうち3割ほどを占めるのが保証人関連のものだ。今野晴貴代表は言う。「裁判を起こせば機構は非を認めざるをえないケースもあり、必要以上の額を支払っている可能性がある」。

日本の奨学金の約9割を占めるのが、文部科学省所管の日本学生支援機構によるもの。機構は2004年に前身である日本育英会などの統合で独立行政法人として設立されて以降、延滞者を減らすための対策を進めた。民間の債権回収会社による回収や教員・研究者に対する返還免除制度の廃止など、本来の奨学金らしさは失われていった。

借金と同じ取り立てに

「奨学金」という名の下、多くは成年に満たない学生が、借金ということを意識せずに多額の負債を背負う。通常の借金と違い与信審査はないため入り口は緩いが、出口では借金と同じ取り立てに遭う。

奨学金問題に詳しい中京大学の大内裕和教授は、「返済難問題が顕著になり始めたのは、就職氷河期世代」と指摘する。

「奨学金制度は、年功序列で賃金が上がる正社員になることを前提とする。しかし就職氷河期以降、低賃金の『名ばかり正社員』と非正規の増加により、安定した雇用という、そもそもの前提が崩れた」

奨学金受給率は就職氷河期に当たる1990年代後半から急上昇し、現在大学生の約3人に1人が借りている。利用者が増えた原因は、学費高騰と親の所得減少、さらにこの時期に大卒求人数が高卒を上回り、就職のために大学進学を余儀なくされるようになったことだ。同時に、無利子が中心だった奨学金の有利子貸与枠が広がり、2001年には有利子の利用者数が無利子を上回った。

■ **大学生の奨学金利用者は急増**
—貸与奨学金受給率の推移—

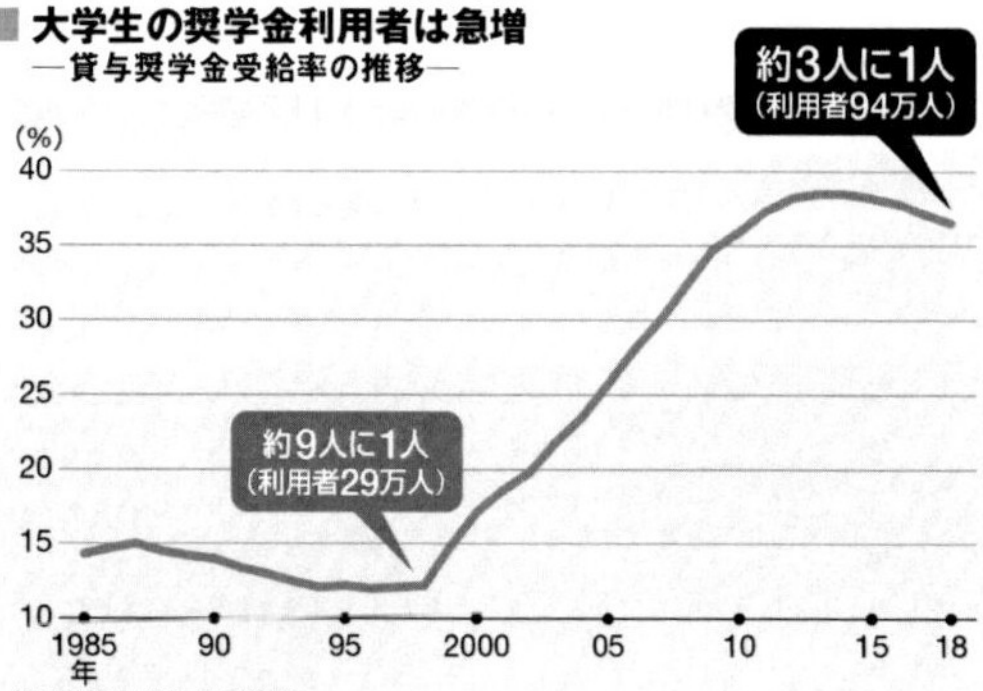

(出所)日本学生支援機構

奨学金は大学4年間で最大額を借りると、総額は883万円に上る。返済は卒業半年後から始まり、貸与額が多ければ月4万円近くとなる。だが、卒業後に安定的な収入を得られる保証はない。返せる状況ではない低所得者も返済を迫られ、延滞者の約8割は、年収300万円未満だ。

延滞すると4カ月目以降から債権回収会社による督促が始まり、個人信用情報機関に登録。長期延滞が続くと裁判所への支払督促申し立てと、全額一括請求が行われる。延滞者には年5%（14年3月までは10%）の延滞金も課せられる。ただでさえ返済が難しい人に、延滞金や一括請求を課しても支払えるはずがない。自己破産を余儀なくされる利用者も少なくないという。

機構の担当者は「返還期限猶予や減額返還などで対応している」と説明する。ただ、猶予は最大10年間で、延滞金を解消しなければ減額返還制度は使えないなど利用制限がある。「猶予や減額制度はセーフティーネットになっていない。費用をかけて返済能力のない人から無理やり回収するのは合理的ではない」と奨学金問題対策全国会議の岩重佳治弁護士は言う。

回収強化によって延滞者は減っているが、前出の大内教授は「その分無理をして返済している人が増えている」と言う。

8歳と6歳の子どもを持つ氷河期世代の男性（37）は、大学4年から大学院修了時まで総額200万円ほどの奨学金を借りた。学部卒業時には就職口が少なく、周囲にも大学院へ進む人が多かった。男性は修了後、正規の団体職員の働き口を得ることができた。

しかし、奨学金返済は40歳まで続く。子どもの大学進学に備え月収の約1割を学資保険に充てているが、これでは大学の学費の初年度分しか払えない。「毎月の返済分を子どもたちの学費に回せればいいが、このままだと子どもにも奨学金を背負わせることになる」。

結婚や子育ての障害に

労働者福祉中央協議会の19年の調査によると、奨学金返済が結婚や出産、子育てに影響していると答えた人は3割を超えた。「多額の返済を抱えることで、結婚や出産を諦めざるをえないケースもある」（大内教授）。

こうした事態を国も問題視。大学等修学支援法が成立し、20年から給付型奨学金の拡大や一部の学費免除が行われる。今後の奨学金利用者にとっては朗報だが、「現在返済に苦しむ人への救済にはつながらない」と岩重弁護士は懸念する。ここでも氷河期世代は放置されたままだ。

救済策を講じなければ、本人が苦しむのみならず、子世代の生まれながらの教育格差まで拡大しかねない。


（井艸恵美）

こじらせた氷河期世代にはメンタルケアが欠かせない

2019年11月15日のお昼すぎ、埼玉・大宮ソニックシティの展示場は、中年男女の熱気であふれかえっていた。この日開かれた埼玉県主催の「30・40代でも大丈夫！ 正社員になろうプロジェクト」の就職氷河期世代合同企業説明会に223人の求職者が集まったのだ。

フリーランスでウェブ関連の仕事をする47歳の男性は「私の年齢ではそもそも正社員募集に応募するのが難しい。こうしたイベントは大歓迎だ」と笑顔で話す。

合同説明会には、中小企業を中心に81社が参加。中には上場企業で医療事務・介護大手のニチイ学館やSOMPOケア、警備のALSOK埼玉、カー用品チェーンの埼玉イエローハットなど知名度の高い企業も含まれていた。

プロジェクトの最大の特徴は、企業は応募書類だけで選考せず、希望があれば、必ず面接を実施することだ。新卒就活時に書類選考で落とされ続けた経験を持つ氷河期世代には、心理的なハードルが低くなる。求職者は、興味のある企業のブースで事業内容などの説明を聞き、最後に面接希望の企業名を事務局に伝える。後日、それを基に各社で面接が実施され、19年末までに46人の正社員就職が決まった。参加者のざっと2割が採用された計算だ。

説明会を主催した埼玉県の石井順子・産業労働部雇用労働課主査は、「プロジェクトの反響は大きく、現在追加で求人情報提供や企業とのマッチングを行っている。20年度以降も支援を続けたい」と話す。

正社員化支援の動きは、これだけではない。兵庫県宝塚市は2020年1月6日、氷河期世代限定の正規職員採用で合格した40代の男女4人の辞令交付式を開いた。19年9月の1次試験では、当初3人だった採用枠に対して1635人が受験し、「倍率545倍」がニュースになったのは記憶に新しい。それ以降は兵庫県三田市や加西市、千葉県流山市、愛知県、和歌山県、厚生労働省など地方・中央官公庁で同様の取り組みが拡大している。

表舞台に出ない人々

本格化しつつある氷河期世代の正社員採用支援だが、実際には同世代の多くがその光景には加われずにいる。宝塚市のニュースを見た、あるハローワーク（公共職業安定所）関係者はボソッと言う。「報道で合格者を見たが、苦労されてきたとはいえ、彼らはピシッとして学歴もハイスペックだった。ハローワークに訪れる人たちとは層が違う」。

2020年春から安倍政権が始める就職氷河期世代支援プログラムでは、全国のハローワークの専門窓口での正社員就職支援が中核を担う。はたして、そこにはどのような人たちが集まり、どんな支援や働きかけが必要になるのか。

政府の支援プログラムの先行事例となるハローワークが大阪・梅田にある。ハローワーク梅田は2019年7月、全国に先駆けて3人の非常勤専門員からなる氷河期世代専門窓口「35歳からのキャリアアップコーナー」を開設した。アルバイトで働く人でも来やすいように土日祝日、夜間も開き、19年末までで計205人が相談に訪れて58件の就職（非正社員含む）が決まった。

ハローワーク梅田の阿部誠所長は、「無業期間が長い人は今のところ専門窓口に来ていないが、非正規を転々とし、自力で正社員に転職するのは困難な人が多い。何らかの後押し、メンタル面のサポートが必要だ」と語る。

一口に氷河期世代と言っても階層は幅広い。それを就職支援の観点で示したのが次図だ。氷河期世代の中にも強者と弱者がいるのは歴然たる事実だ。強者はすでに自分の希望に沿って正社員や非正社員として働き、自力で転職活動を行える人だといえる。このような人たちは、これまでも待遇改善に向けて転職活動をしてきたし、政府の支援策で企業の中途採用が増えれば、自主的に選択して政策の恩恵に浴することができる。一方で、より集中的な支援が必要になるのは多くの弱者だ。

■想定される主な要支援者と支援ポイント

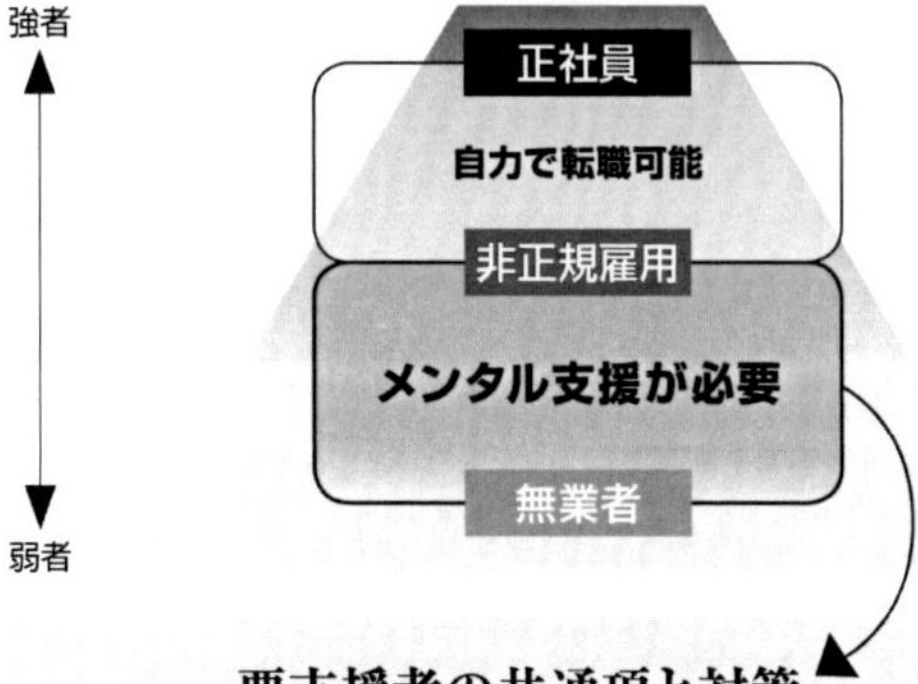

要支援者の共通項と対策

- □自己肯定感が非常に低い
  - 対策▶認知行動療法やアサーションが有効
- □自己分析できず自分の慣れている職を安易に志望
  - 対策▶できることは何かを考え期限を設けて始めてみる
- □職業観が就活当時のまま止まっている
  - 対策▶最新情報を学ぶ
- □親の期待、世間体に潰されている
  - 対策▶家族の認識見直し。本人には認知行動療法が有効

(出所)取材を基に本誌作成

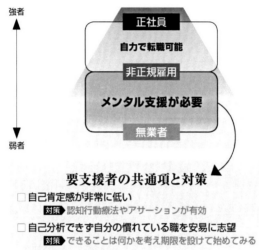

ハローワーク梅田によると、そのような人たちはたいてい、新卒就活時代に書類選考で落ち続けたことがトラウマとなり、自己肯定感を持てず心理面をこじらせている。自分のことを認めてほしいと思いつつも、職業観や就職活動の仕方が学生時代と変わっておらず、スキルや自己の適性理解の面でも欠如した部分がある。中でも、そうした事実に自分自身が気づいていない点が課題だ。その結果、就活当時のイメージのまま漠然と事務職を希望することが多い。

「現在の人手不足の中でも、実は事務職の有効求人倍率は0・5倍程度と需要がない。そうした現状認識に加え、自己の適性や、経験を持つ今の自分は学生時代とはアピールポイントがおのずと異なるといった点をまず理解してもらうことが、出発点になる」とハローワーク梅田の濱島健・職業相談部長は語る。

専門家による相談やGATB（一般職業適性検査）、セミナー、面接トレーニングなどを活用してハローワーク梅田は支援対象者を後押しする。本人の「気づき」があれば、最初は「氷河期世代ですが、何をしてくれるのですか」と訪れてきた人たちも、自分から動き出すことがあるという。

就職活動の土台づくり

袋小路に陥っている氷河期世代の人たちの共通要因は、自己肯定感を持てないことではないか——。そうした問題意識を持って支援に取り組むハローワークがある。ハローワーク神戸だ。

兵庫労働局も県下4つのハローワークで、19年9月から氷河期世代専門窓口を先行的に開設。3カ月間の支援対象者は103人（男性67人、女性36人）を数え、大卒以上の学歴を持つ人がそのうち6割強を占めた。新卒時の就職形態別では、約半数が正社員だったが、会社になじめないなどの理由で退社。3～4割は派遣や臨時職などの非正社員で、残りの1割は就職活動を行っていなかった。19年末までで支援対象者のうち13人が就職を決めた（非正社員含む）。

ハローワーク神戸がユニークなのは、こうした支援者を対象に独自のコミュニケーション・トレーニングセミナー（コミトレ）を開催していることだ。

「求職者の中には完全なひきこもりまではいかなくても、人と接することが困難で、一人で孤独感を抱え、人からどう見られているかを過剰に気にする人が少なくない。メンタル面をケアして、就職活動への土台をつくることが本当に必要な支援ではないか」（兵庫労働局職業安定部職業安定課の谷岡善裕・地方職業安定監察官）。

コミトレは、定員6人で計6日間、午前10～午後3時に行われるグループワークだ。専門家がリード役となって、「飲み会の断り方」や「忙しそうな人への質問の仕方」など身近な話題を種にディスカッションを行う。物の見方の枠組みを見直す認知行動療法や、相手の立場を尊重しながら自分の意見をしっかり伝えるアサーションの考え方などを取り入れている。

「他人を否定せず、いったん受け止めることを主眼としている。それによって『何を言っても大丈夫』『全部受け入れてもらえる』といった安心安全の場所になっている。同じような境遇、悩みを持った人たちといると、孤立感から解放される。コミトレが彼らの居場所になる」（ハローワーク神戸の中尾知裕・発達障害者雇用トータルサポーター）

「自分は否定されているわけではない」との気づきが小さな成功体験となり、その積み重ねが大きな効果を持つという。自分はなぜ悩んできたのか、自分の本来の力を抑えつけていたものは何なのかを見つめ直すことで、他者の価値観を受容するきっかけにもなる。

「最初は硬かった表情が回を追うごとに柔らかくなり、笑顔が出たり冗談を言ったりするようになる人もいる。時に、家族から最近笑顔が増えたと言ってもらえるのが何よりもうれしい」（中尾氏）

興味深いのは、コミトレ受講者に性格特性や行動パターンを見る「エゴグラム」というテストを受けてもらうと、8割近い人が「協調性があり、素直で人の評価を気にする」という尺度でほぼ満点のスコアになることだ。

そのこと自体は悪いことではないが、ネガティブな境遇が続き自己肯定感を持てなくなると、他者の気持ちや立場ばかりを考えて行動し、自らを苦しめることになる。氷河期世代の親の多くは、普通に就職できた自分たちを基準に子どもと接するため、親の期待や世間体という他者の目に苦しめられる氷河期世代は少なくない。

ハローワークでできるのは、来訪者への支援だけという限界がある。来訪しない人に対しては、コミトレのような環境づくりを各家庭で行うことが重要になるだろう。

一方で、何でも他者のせいにする傾向の強い人たちは、物の見方の枠組みを変えられず、コミトレの効果も出にくいという。

メンタルサポートで就職活動の土台をつくる支援は、ほかの世代にも有効である。政府の取り組みによる広がりが期待される。

（野村明弘）

人手不足業界を中心に蔓延

「名ばかり正社員」にご用心

ジャーナリスト・藤田和恵

千葉県の高齢者施設で働くタクマさん（43、仮名、以下同）は、約束の時間に1時間以上遅れて現れた。「夜勤スタッフが急病で、代わりを探していたんですが、この後、私が戻ります」。

勤続5年目の正社員で、肩書は「管理者」。ただ人手が足りないので、経理やシフト作成といった管理業務に加え、介護や送迎もこなす。この日のように、急きょ夜勤に入ることも、たびたびあるという。

ただ、残業代などが支払われたことはない。月収は18万円。時給に換算したら、確実に最低賃金を下回る。

大学卒業後、ずっと正社員として働いてきた。そのほうが身分も待遇も安定すると思ったからだ。しかし、営業ノルマの厳しさなどで、何度かの転職を経験した。介護の世界も想像以上にきつかった。

最近ネット上で、以前勤めていた会社が契約社員を募集しているのを見つけた。「まさに私の担当していた業務で、複雑な気持ちになりました。正社員にこだわるのはやめます」とタクマさんは言う。

人手不足の業界を中心に、身分も待遇も安定した正社員求人のはずが、実際には低賃金で不安定な「名ばかり正社員」だった、というケースが少なくない。

「私も正社員のメリットを感じない」と話すのは、都内の専門商社勤務のアヤさん（40）。先日、女性の同僚数人とランチをしたとき、正社員はサンドイッチを単品で頼んだのに対し、派遣社員は飲み物とセットで頼んだのを見て、軽くショックを受けた。

アヤさんら正社員の月収は18万円ほど。残業代はほとんどつかないうえ、ボーナスもない。一方、派遣社員は時給1200～1300円。結果、月収は、派遣社員のほうが1万～2万円ほど高くなる。「時間単価だと、もっと差がつきます。でも派遣の人が急に辞めると、シワ寄せを受けるのは正社員。自宅で朝3時から仕事をした日もあります」。

5年でほとんど辞める

ケンタさん（35）は、19年に初めて正社員の仕事を得た。勤務先は業界紙を発行する会社で、憧れのライター業だ。しかし、勤めてみてすぐに「超ブラック企業」だとわかった。

帰宅は毎日終電。残業時間は月100時間を超えるのに残業代はなく、月収16万円ほどだ。

ケンタさんにとって待遇以上にきついのが、執筆ノルマだという。電話帳を基に業界各社に電話をして取材のアポを取るのだが、1日150件以上かけてもほとんど〝ガチャ切り〟される。

職場は30代、40代が中心。ケンタさんは「5年くらいでほとんどが辞めていくと聞きました。実は僕も最近、退職届を出したんです」と言う。

首都圏青年ユニオンの原田仁希委員長は「名ばかり正社員というくくり方すら、もう古い」と話す。寄せられる相談事例を見ると、今や正社員のほとんどが名ばかり化してしまっているからだ。「飲食業や介護、サービス業などでその傾向は顕著」だという。

昔ながらのイメージの、身分保障や待遇が手厚い「正社員」は、もはや大企業の正規雇用労働者に限られつつあるのかもしれない。

藤田和恵（ふじた・かずえ）
1970年、東京生まれ。北海道新聞社社会部記者を経て、2006年からフリーランス。事件、労働、福祉問題を中心に取材活動を行う。

重要なのは社内研修体制　現場放り込み型はNG

氷河期世代支援で経済界の協力を要請してきた安倍晋三首相は、現状にやや不満かもしれない。経団連や経済同友会などに加盟する上場・大企業において、氷河期世代の正社員採用の取り組みが極めて鈍いのだ。

本誌は、人手不足が著しい外食・小売りの主要上場企業約100社に対して、氷河期世代に特定した正社員募集の意向があるか、アンケート調査を実施した。その結果、「意向あり」はゼロだった。大半が「氷河期世代に特定せず、あらゆる世代で優秀な人材を求めている」と答えた。

ある経済団体幹部は「心情的には協力したいが、現実には難しい」と話す。それもそのはず、だ。

大企業は依然として、新卒一括採用で学生をゼロから職務無限定の総合職として育て、競い合わせて幹部選抜を進めていく人事手法を捨てていない。幹部候補の引き抜きなら別だが、中年になった氷河期世代を今さら総合職のプールに入れることはできない。

最近では、経団連が日本型雇用慣行の見直しを叫ぶが、あくまでＡＩ（人工知能）などの先端技術者をめぐる外国資本との取り合いの一環だ。総合職より高給のジョブ（職務）型雇用を一部に導入するもので、氷河期世代採用とは文脈が異なる。

「大企業では、グループの物流子会社で現業職の正社員募集を行うのが精いっぱい」（経済団体幹部）、「障害者の法定雇用率のように氷河期世代の目標雇用率を決めなければ、大企業での正社員採用は無理だ」（大手産業別組織関係者）といった声が聞こえる。

こうした中、上場企業で氷河期世代限定の求人を打ち出したところが2社だけある。山九とパソナグループだ。物流・プラント関連大手の山九は、社員約1・2万人を抱え、毎年の中途採用500人のうち、100人を氷河期世代限定とする。3年間で計300人の採用を目指す。

氷河期世代募集の主体は支店採用の現業職（一般職）で、工場内物流、プラント機械管理などの職務だ。支店採用は本社採用の総合職とは違い、転勤がなく、マネジャークラスになれないが、支店長の推薦と試験により毎年数十人は総合職に移行するという。

2019年9月から氷河期限定の募集を開始。19年12月中旬時点で応募者57人、内定者9人（うち5人が非正社員からの転職）にとどまる。「氷河期世代の限定求人はハローワーク（公共職業安定所）経由以外は禁じられている。直接求人でもできるようにしてほしい」と青山勝巳・人事部部長は訴える。

もう1社のパソナグループは主力の人材派遣、委託・請負のほか、昨今は、淡路島などでの食や観光の地方創生事業に注力している。同事業の営業や企画、施設管理などの全職種を対象に300人の氷河期限定採用を行う。「もともと人材サービス会社であり、研修や能力開発には自信がある」（藤巻智志・広報部長）という。

中小企業は積極的

　以上の2社は上場・大企業の中では異色であり、氷河期世代の正社員採用支援の中心はやはり中小企業とならざるをえない。社員が数十人規模の中小企業となれば、新卒一括などの定期的な採用は行っておらず、必要な人員をその都度補充する形をとる。年功序列型賃金も少なく、氷河期世代が中途採用される余地は大きい。

　では現在、氷河期世代の採用に積極的な中小企業はどういう人材を求めているのか。ハローワーク神戸での氷河期世代応援就職相談会に参加した武田食品（神戸市）は社員31人、卵調理品の製造販売を営む。武田雅信・代表取締役は、参加した理由について「私は2代目で、3代目の息子も働いているが、その右腕となる中核人材が欲しい」と語る。現在はパートが5人、外国人労働者が7人程度で、長期で働く日本人が採りにくいという。

　もともと中小企業も中核人材では新卒の若者の採用を優先していたため、氷河期世代の応募があっても断ることが多かった。だがその後、若年労働者が超売り手市場に転じたため、求人先を第二新卒や転職者に広げた。今やそれも難しくなり、氷河期世代に目を向けるようになったというわけだ。

氷河期世代を戦力として前向きに評価する声も上がり始めている。埼玉県の氷河期世代合同企業説明会に参加した給排水設備メンテナンスのエフシー・サービス（埼玉県川口市）の人事担当者は「苦労して若者を採用しても、何もわからないまますぐ辞めてしまう。氷河期世代の人材のほうが一般常識があっていい」と話す。

長年就職に苦労した氷河期世代は、正社員採用されるとその会社へ恩を返すように忠実に働くことが多く、それが高評価につながっている。昭和生まれの氷河期世代は、今の若い世代に比べ、日本の企業文化に従順な傾向もある。

一方、氷河期世代を大切に迎えたいと考える企業は、社内研修体制の整備を重視する。エフシー・サービスでは、未経験者が先輩社員から学び、やがて浄化槽管理者などの資格を取得していくキャリアアップの道があるという。神戸の相談会に出席した機械設備の据え付け・メンテナンスの長束鉄工（神戸市）も「研修制度があり、未経験者でも大丈夫だ」と求職者にアピールした。

兵庫県では、但馬銀行などの地銀が、法人向けコンサルの一環として地元企業に氷河期世代を活用した人材戦略の提案を始めた。「中小企業にとって、銀行の影響は大きい。中小企業側の氷河期世代受け入れの体制が整うことに期待したい」と兵庫労働局職業安定部職業安定課の廣田充征氏は語る。

もっとも現状は、氷河期世代の特性を理解して採用に動く中小企業はまだ一握りにすぎないのも事実だ。19年8月に解禁されたハローワークでの氷河期世代限定求人は19年12月26日時点で285件あったが、そのうち約半数はタクシー乗務員の募集だった。それ以外も超人手不足の職種が並び、単に人員が足りないので求人を出しただけ、という感が強い。

■中小・中堅企業での求人はタクシー乗務員が断トツ
―ハローワークでの氷河期世代限定求人―

募集職種	件数
タクシー乗務員	146
介護職	22
作業員・管理者（土木・建設）	14
ドライバー（宅配、物流）	13
営業職	12
警備員	8
一般事務	8
管理職・幹部候補	8
接客関連	8
引っ越しスタッフ	6
機械据え付け	5
その他	35
合計	**285**

（注）2019年12月26日時点、47都道府県
（出所）ハローワークインターネットサービス

正社員採用支援を必要とする人たちの多くは、メンタル面に課題を抱える。「入社したらすぐ『明日から営業で回ってくれ』『店長をやってくれ』と現場に放り込むやり方では3日で辞めてしまうだろう」とハローワーク関係者は危惧する。

ある経済団体幹部は、地方の会合で聞いた経営者の言葉に耳を疑った。「氷河期世代は日本語は通じるが扱いづらい。ベトナム人のほうがよっぽど楽だ」。準備不足の中小企業が安易に採用に動けば、かえって氷河期世代の傷を深くするだけだ。

（野村明弘、佃　陸生）

〔就労支援③〕企業向けの助成金や新施策が満載

氷河期向けの制度が充実　使い勝手は格段に向上

人事ジャーナリスト・溝上憲文

政府の就職氷河期世代の支援策は今回が初めてではない。2003年の「若者自立・挑戦プラン」に始まり、12年以降もフリーターやニートを企業が正社員として雇用するための、さまざまな支援策が打ち出された。

その1つがハローワークなどを通じて原則3カ月のお試し雇用をする事業主に助成金を支給する「トライアル雇用助成金」（月額4万円）だ。13年度にスタートし、14年度は4万人超が利用したが、17年度は約2・4万人と減少傾向にある。どれだけの助成金が支給されたのかを示す執行額も減少。予算額に対する執行額を示す執行率も30％台～70％弱と低迷する。

問題点はそれだけではない。日本総合研究所調査部マクロ経済研究センターの下田裕介主任研究員は「対象者の内訳を見ると、氷河期世代の就業困難者として想定される『2年以内に2回以上離職または転職を繰り返している者』『離職している期間が1年超の者』はいずれも全体の1割にも満たない。多くを占めるのが『就労経験のない職業に就くことを希望』。つまり転職支援での利用が多く、就業困難者に支援の手が届かなかった」と指摘する。

また、正社員として雇用する事業主に助成金を支給する「特定求職者雇用開発助成金」（長期不安定雇用者雇用開発コース）も17年度に開始したが、約5・3億円の予算額に対し、実際の利用はわずか27件の765万円。18年度は約10・8億円に予算額が倍増したが、利用は453件、約1・3億円にとどまる。その理由も「『雇い入れ日の前日から起算して過去10年間に5回以上離職または転職を繰り返している』という厳しい要件が利用の低迷につながっている」（下田主任研究員）と指摘する。

費用、経費を全額支給

こうした指摘を受けて新たに登場したのが今回の氷河期世代支援プログラム。目玉の1つが、いくつかの業界団体による「短期資格等習得コース」だ。1～3カ月程度で取得できる資格・技能があれば正社員に雇用される職種を対象に、その間の資格取得費用や経費を厚生労働省が委託費として全額支給するもの。例えば運輸業であれば教習所での受講にかかる大型車の運転免許取得費用、IT業界であれば必要なITスキル習得費用を支給する。

業界団体ごとに、必要資格・技能取得のためのカリキュラムなどの支援内容、団体傘下の事業所での職場見学・体験を盛り込んだ計画書を厚労省に申請する。同省の担当者は、「資格取得を想定した受講内容と、半日から3日程度の職場体験を通じて正社員として何人を就職させるのか、また資格取得費や教材費、事務局の人件費などの費用を含めて提案していただきたい。参加者はハローワーク経由だけでなく、傘下企業で働く非正社員などにも幅広く声をかけてもらいたい」（人材開発統括官付政策企画室）と期待する。

業界団体と連携して積極支援
―短期資格等習得コースの創設(2020年度実施予定)―

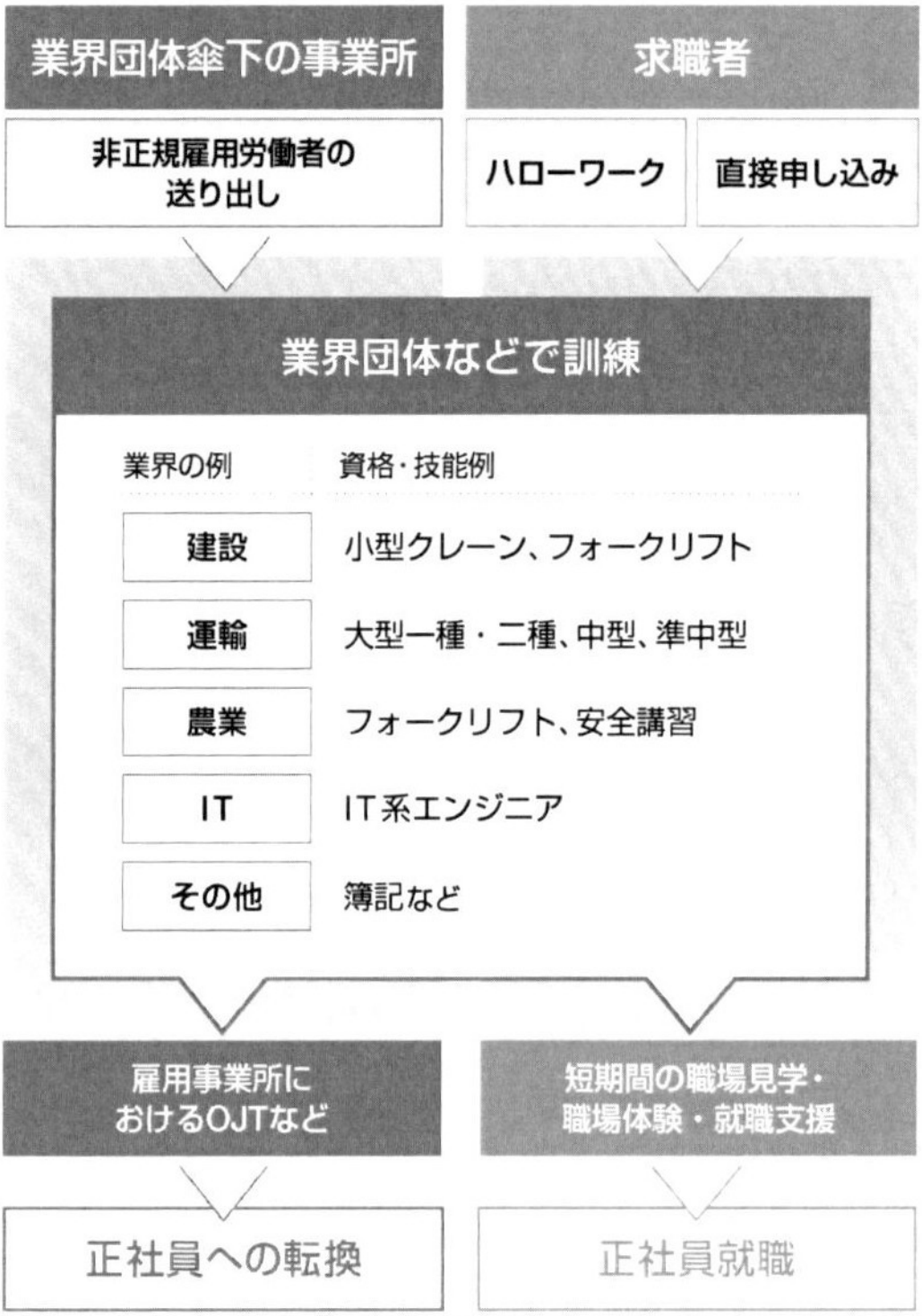

(出所)厚生労働省の資料を基に筆者作成

既存制度も氷河期シフト

また、前述したトライアル雇用助成金の要件も従来の「就労経験のない職業に就くことを希望」を廃止し、新たに「フリーターやニートなどで45歳未満の者」などが加わり、単なる〝転職支援〟から氷河期世代にフィットした内容に変わった。

さらに従来の特定求職者雇用開発助成金を見直し、就職氷河期世代を想定した「安定雇用実現コース」を創設。要件も緩和され、正社員経験がないか少なければ、失業中に限らず非正社員であっても適用される。正社員で雇用し、6カ月定着すれば30万円（中小企業以外は25万円）、1年定着後はさらに30万円（25万円）が上乗せされ、計60万円（50万円）が支給される。

従来の事業者向け支援も拡充

トライアル雇用助成金

下記求職者を常用雇用への移行を目的に原則3カ月試行雇用する事業主に月額4万円を支給

- 2年以内に2回以上離職または転職を繰り返している
- 離職期間が1年超
- 育児などで離職し、安定した職に就いていない期間が1年超
- **フリーターやニートなどで45歳未満** NEW!
- 生活保護受給者など

特定求職者雇用開発助成金

①～④のすべてに該当する人を正社員として雇い入れた事業主に1人当たり計60万円支給

① 35歳以上55歳未満
② 直近5年間に正社員としての雇用期間が通算1年以下、かつ直近1年間正社員として雇用されていない
③ 失業者または**非正規雇用労働者** NEW!
④ 本人が安定雇用を希望している

(注)特定求職者雇用開発助成金は、中小企業以外は1人当たり50万円
(出所)厚生労働省

一連の支援策には人手不足の業界ほど好意的だ。都内の飲食チェーンの人事担当役員は「当社は年齢に関係なく正社員で雇っており、実際に48歳の未経験者もいる。未経験者でもホールの接客マナーや調理のスキルを教育するシステムが整っている。正社員で雇っても試用期間があるのでトライアル雇用の月額4万円はあまり関係ないが、特定求職者の年間60万円は魅力」と話す。

また、全国で2万人超の社員を抱える医療・介護サービス業の人事部長も制度の利用価値はあると語る。「正社員は総合職と職種・地域限定の専門職に分かれ、大半が専門職として働く。平均年齢も40代半ばであり、年輩の氷河期世代でも違和感はない。ただ、専門職の場合は、最初は有期契約で入り、半年ないし1年後の更新時に正社員になる。この期間を3カ月に短縮すればトライアル雇用の助成金を受けられ、さらに正社員になってから特定求職者の助成金もダブルで受けられるのであれば魅力的だ。今後、有期契約の期間を3カ月にすることのリスクを含めて、社内で検討したい」。

ただ、一方で不安も隠せない。前出の飲食業の人事担当役員は「実際にニートを雇ったことがあるが、いろんなタイプがいる」と実情を語る。トライアルで雇っても、コミュニケーション力に欠ける人がトラブルを起こし辞めてしまえば、本人だけでなく企業にとっても不幸だ。「どういう理由で無業になったのかという情報を事前に提供してもらえれば、配属先や仕事の内容を検討しやすくミスマッチを避けられる」(同)という。

日本総研の下田主任研究員も「氷河期世代が助成金の対象に入るようになり、メニューとしてはある程度そろっている。ただ定着にはさらなる政府の支援も必要。ひきこもりの会などのＮＰＯと企業がうまく連携することも欠かせない」と指摘する。ここでも情報共有をはじめ、政府が音頭を取って行うべき支援は多そうだ。

溝上憲文(みぞうえ・のりふみ)

1958年生まれ。明治大学卒業。人事・雇用・賃金問題を中心に執筆。著書に『非情の常時リストラ』『人事評価の裏ルール』『人事部はここを見ている!』ほか。

雇用社会の外で生きる　就農で大成功の例も

新卒一括採用で学生をゼロから育て、互いに競わせて将来の経営幹部を選抜していく日本型雇用慣行。バブル崩壊後の不況時に学校を卒業したため、このレールに乗り損ね、排除されてしまったのが氷河期世代といえる。

であれば、正社員にこだわり続けるのではなく、企業の雇用社会の外で生きる道を探すのも、1つの選択肢となるだろう。自営業には定年がなく、老後の生活を築きやすいという利点もある。

そうした中で近年、注目されているのが農業などの第1次産業だ。農村の閉鎖性は依然として強いものの、高齢化による担い手不足に危機感を抱き、地域が一体となって新規就農者へ門戸を開くところは全国的に増えている。研修・教育の実施から農地確保の支援、多方面の資金支援と、その内容は至れり尽くせりだ。就農支援に積極的な大分県を訪れた。

大分空港から車で2時間弱、同県の南端に位置する佐伯（さいき）市は、江戸時代に佐伯藩の城下町として栄えた人口約7万人の地方都市。養殖の「かぼすブリ」や大きなすしネタが特徴の佐伯寿司で知られ漁業が栄えるが、2016年度に始めた「佐伯市ファーマーズスクール」の就農研修者は、4年間で18人と着実な成果を上げている。これといったブランド農産物はない「普通の農業地域」での取り組みだけに逆に注目度は高い。

第1次産業の就労支援・助成金は充実している
—国・地方公共団体の主な支援策—

分野	支援対象	助成金
農業	研修期間、最長2年	最大150万円／年（夫婦は最大300万円／年）
	経営開始後、最長5年	最大150万円／年（夫婦は最大225万円／年）
	栽培施設への投資	事業費の最大2/3を補助
漁業	研修期間、最長2年	最大150万円／年
	就業後雇用（幹部養成型）、最長2年	最大18.8万円／月
	就業後独立・自営、最長3年	最大28.2万円／月
林業	研修期間、最長2年	最大155万円／年
	就業後の林業作業士研修、最長8カ月	最大9万円／月
全般	研修中	家賃補助（研修後は移住支援も）

（出所）農林水産省、水産庁、林野庁の資料を基に本誌作成

イチゴで年1000万円

ファーマーズスクールの研修期間は2年。イチゴ、アスパラガス、ハウスみかんなど市が推進する品目の中から1つを研修者が選択。1年目にコーチ役の地元農家から技術指導を受け、農地も市が地主と掛け合って確保する。2年目は実際の農地で模擬営農を行い、3年目に新規就農という流れだ。

黒岩仁明さん（30）・遙さん（30）は夫婦で研修を受けた、現在就農3年目のイチゴ農家だ。23アールのハウス栽培を行い、年間売り上げは1000万円超。農薬、肥料などのコストを引いた約半分が所得になる。「所得は以前と比べものにならない」と仁明さんは笑顔で話す。

仁明さんは高校卒業後、キヤノンのカメラ組み立ての下請け会社に就職。その後、釣具店や鉄工所で働き、5年前に地元の佐伯市に戻り、ファーマーズスクールの受講を決めた。農業は素人だったが、就農1年目に平均を超える単位面積当たり収穫量を実現した。

繁忙期は、早朝3～5時から午前10時前まで収穫作業、午後からはパック詰めという日が毎日続く。ただイチゴは一毛作で、農閑期は雨が降ったら休みなど比較的時間が自由になるのも魅力だという。

「販売はすべてJA（農協）が行う。スーパーに並んだイチゴを見るのはうれしい。何より、やったらやった分だけ収入になるから、働いていて今までの中でいちばん楽しい」（仁明さん）。遙さんも、「子どもたちの学校行事に全部参加でき、夏の家族旅行が毎年楽しみ。貯金を心がけ、（国民年金へ上乗せする）農業者年金にも入った」と満足げに語る。

同じくファーマーズスクールの前身組織で研修を受け、現在イチゴ農家として5年目なのが、三股力さん（44）だ。三股さんは20歳で専門学校を卒業し、測量会社に就職したが、ボーナスが出なくなるなど給料が上がらず30歳ごろに退社。以後フリーター生活を続け、「介護職も検討したが、結局ここにたどり着いた」と振り返る。

農業未経験だったが、研修前に市の緊急雇用創出事業でシイタケ栽培を任され、農業の楽しさに開眼した。「荒れ地の草刈りから始め、ものを作ることを一からやった。商品にならないシイタケをストーブで焼いて食べたり、毎日楽しかった」（三股さん）。

現在、約20アールでイチゴを栽培し、やはり売り上げは年1000万円超。一般的な固形肥料から液体肥料に替えて収穫の山谷を小さくし、イチゴの品質も向上させた。「コストをかけて工夫し、収入を増やすのが面白い。失敗して赤字になっても発見がある。自分が社長。雇われていたときは、そんなことは考えなかった」（三股さん）。

ハウス施設などの設備投資4000万円のうち、3分の2は県と市が補助、残りは無利子融資制度を使い9年返済で借りた。大分県が注力するイチゴの新品種「ベリーツ」の導入見極めや、流通に回せない規格外品の、ジャムやジュース以外での活用法の開発など取り組むべき課題はたくさんある。今や地元農協のイチゴ部会でも中心的な存在で、「借金返済が終わったら人を雇って農地を広くしたい。担い手を増やして、大分のイチゴといえば佐伯と言われるように頑張りたい」と力を込める。

両親と農作業を行う三股さんだが、2020年は結婚の予定があり、農地近くに新居を建設する計画だ。就農を考える氷河期世代には、「地域に溶け込んでしまえば楽だ。どうしても譲れないところは主張していい。地域性、住民性の見極めが大切だと思う」とエールを送る。

農林水産省は、第1次産業の就労支援や地域情報の提供に力を入れる。何がきっかけになるかわからない。関心のある人はウェブで調べてみよう。


（野村明弘）

勃興するポピュリズムと格差の行方

「奨学金チャラ」「消費税廃止」「最低賃金1500円への引き上げ」「安い家賃で住める公的住宅の拡充」――。バブル崩壊後に就職期を迎え、生活に苦しむ氷河期世代を狙った政策を掲げるのが、2019年の参議院選挙で躍進したれいわ新選組だ。

米イェール大学の成田悠輔助教授らが参加した「#リアル選挙分析 参院選2019プロジェクト」（5000人を対象にしたオンライン調査。参院選投票日の2019年7月21日実施）によると、「努力が報われる社会であると思えるか」との質問に対し、自民党支持層では「強くあてはまる」との回答率が最も高かった一方、れいわ支持層では「まったくあてはまらない」との回答率が最も高かった。社会への不満が政治に向かい、氷河期世代を中心にれいわ新選組の人気を支えているという構造が見えてくる。

香港のデモと経済問題

経済的に苦しい世代の不満の爆発は、日本だけに限らない。例えば反政府デモが連日繰り広げられている香港。中国本土への容疑者引き渡しを可能にする「逃亡犯条例」の改正案反対が発端とされている。だがデモの背景には「若い世代の経済的な不満がある」と、中国が専門である米ハーバード大学のエズラ・ヴォーゲル名誉教授は指摘する。

中国本土と経済面での結び付きが強くなったことで、大量の中国マネーが香港へ流入。日本不動産研究所によると、香港のマンション賃料指数（19年10月時点）は9年前に比べて37％上昇、東京の8％増を大きく上回る。賃料水準も東京より57％高い。さらに、「香港の若者は、中国本土出身の優秀な中国人と職を争わないといけない」（ヴォーゲル教授）面もある。生活が苦しくなる若い世代の不満を反映するかのように、デモは日に日に激しくなっている。

格差の原因を論じたベストセラー『21世紀の資本』で有名な仏パリ経済学校のトマ・ピケティ教授によると、「経済的な不満は政治的な不満として表れ、ポピュリズムが蔓延する原因になっている」という。同氏は今、母国フランスで『Capital et Ideologie（資本とイデオロギー）』という新著を出版するなど、「有権者のポピュリズム的な投票行動の背景には格差がある」と主張している。

これいわ新選組の躍進と同様、米国でも格差を背景にしてポピュリズム的な投票行動が目立っている。

パリ経済学校の調査によると、米国では国民所得のうち上位1％の富裕層が占める割合は1970年に11％で、下位50％が占める割合は21％だった。だが、14年には上位1％が20％、下位50％が13％と逆転している。

中でも格差社会の象徴としてやり玉に挙がるのが学生ローンだ。日本の貸与型奨学金と同じく、米国でも学生ローンが多くの世代の生活を苦しめる。全米における17年の学生ローン残高は約1兆4000億ドル（約154兆円）と、2005年の約4000億ドルと比べて3・5倍にまで膨らむ。大学に進学しないとよい職に就くことが難しいため、学生らは借金を背負ってまで、高騰する学費を払い進学する。

ポピュリズム指数が上昇

経済的な不満を背景に、保守層は「職を奪う移民を規制する」とのドナルド・トランプ米大統領の主張に賛同。一方、文化や社会の多様性を重視するリベラル派は、経済格差そのものに着目し、格差是正を目的に極端な左派への傾倒を深める。

「学生ローンをチャラにしよう」。そう主張するのが、前回の16年米大統領選挙の民主党候補者争いでヒラリー・クリントン候補と最後まで競った、バーニー・サンダース上院議員だ。同氏は社会主義者を自認しており、格差の解消に力を入れている点が学生ローンに悩む多くの世代に受けている。同氏の所属する政治団体「米民主社会主義者」の構成員も、16年の7000人弱から19年には5万5000人を突破するまでに急拡大している。

2020年11月に投票日を迎える今回の大統領選でも、民主党の有力候補の一人であるエリザベス・ウォーレン上院議員が、「学生ローンの帳消し」「公立大学の無償化」「国民皆保険の導入」といった左派的な主張を繰り広げる。中でも目玉政策として富裕層への課税強化を打ち出しており、その原案に携わったのがピケティ教授の弟子であり、タックスヘイブンの研究で有名なフランス出身の米カリフォルニア大学バークリー校、ガブリエル・ズックマン助教授だ。

欧州でも若い世代の失業率が高いため、経済的な不満が高まる構造となっている。職歴を十分に積んでいない若年層は職を得ることが難しく、25歳未満の失業率は19年9月時点で14・4%と、全世代の失業率、6・3%と比べて格段に高い。

世界に広がるポピュリズムの波はとどまるところを知らない。世界最大のヘッジファンド、米ブリッジウォーター・アソシエーツによると、同社が算出するポピュリズム指数は2010年代に入り上昇（対象は米国、日本、英国、フランス、ドイツなどの先進国）。直近の17年は35%と、ヒトラーが政治の中枢に躍り出て、ムッソリーニがファシズム体制を強固にした1930年代以来の高水準を記録した。

デジタル経済の専門家として米議会や政府機関に助言している米ニューヨーク大学スターン・スクール・オブ・ビジネスのアルン・スンドララジャン教授が、「(資本主義を支える)株主のために利益を最大化するという考え方は見直されつつある」と語るように、世界はいま転換点にある。苦しむ世代の声を拾い上げ、経済的な不満をどう解消していくか。ポピュリズムがかつてない台頭を見せる中、世界各国の社会に突きつけられている課題といえそうだ。

(林　哲矢)

ひきこもり支援の最前線

「20歳前後の若者と一緒に仕事をすることになるかもしれない。自分はこんなことをするために入社したわけではないと思うときがあるかもしれない。大切なのは柔軟性。そして楽観的であること」

2019年11月、さいたま市内で開かれた、就職氷河期世代を対象とした合同企業説明会。30代から40代の参加者は講師からそう心構えを説かれていた。埼玉県内の企業81社が参加した会場内で、真剣な面持ちで聴いていた参加者の一人が47歳男性のAさんだ。何とか就職の手がかりになればと思い、会場を訪れていた。

1997年に明治大学政治経済学部を卒業。新卒の就職活動時は公務員を狙ったが、当時、採用を絞る民間企業に見切りをつけた大学生が、公務員試験へと大量に流れ込んでいた。高倍率に阻まれ合格できなかったAさんは卒業後、コンビニでアルバイトをしながら就職の機会をうかがう。

30代に入ってから、一念発起して弁護士への道を切り開こうと、法科大学院に入学した。ところが時を同じくして親が病に伏し、介護がのしかかった。しだいに、家にひきこもりがちになり、司法試験に合格できぬまま40代となる。司法書士事務所に勤めながら司法試験の勉強を続ける方策も考えたが、履歴書を送っても返信が来ないことのほうがいつのまにか多くなっていた。

合同企業説明会に参加したのは、法律の知識を生かせる職種があるかもしれないと考えたからだ。しかし、期待は外れた。企業の担当者からは「求めているのは法律の知識ではない」「法律より、SE（システムエンジニア）の経験がある人が欲しい」などと返された。説明会は貴重な機会だったが、結局Aさんは糸口すらつかめず、会場を後にした。

「大学を卒業した頃は、ここまで長引くとは思ってもみなかった」

年々、焦燥感だけが募ってゆく。

「一度レールから外れてしまうと、途中で乗り直すのはどんどん難しくなる日本社会の現実を、今、肌で感じている」

時間が経てば経つほど難しくなるのが現実だ。

大切なのは親の協力

「ひきこもりになっても、20代なら何とかなる」

フリースクールを運営するNPO法人・高卒支援会の杉浦孝宣理事長はそう話す。

2019年11月、ひきこもりや不登校の子を持つ親を対象に、高卒支援会が行った講演会では、スタッフがひきこもる人を部屋の外へと連れ出すまでの体験談を語っていた。

「最初のやり取りはドア越し。『話をしよう』と声をかけ続ける。強引にドアをこじ開けようとすれば逆上してしまうから、反応があるまで粘り強く待つ。ドアの下から『開けてほしい』と書いたメモを入れると、ようやくメモで返事が来た。最初の返事は

『やめてください』だった」

スタッフの大倉星耶氏は、10代のひきこもりの部屋を訪れたときのやり取りを、そう振り返った。

ドアを開けて最初に感じるのは「におい」だという。「何カ月も窓を開けずカーテンも閉めているから、部屋の中は大抵カビ臭くなっている。本人が風呂に入っていないと、さらににおいは独特」。

部屋から連れ出すと、次は会話の端緒を考えなくてはならない。「本人がゲーム好きなら、自分も同じゲームをして詳しくなり、話がかみ合う状況を作り出す。一緒に部屋のカビ取り掃除をしているうちに、だんだん言葉を交わせるようになってくる」。

杉浦氏は「やり方次第で、ひきこもりの9割は外に出られるようになる。大切なのは両親の協力があること。そして、できるだけ早く解決すること」だと言う。子の心身に大きな影響を与えるのは家庭環境。両親がいる場合、母親だけでも父親だけでもなく、両親が共に対応するのが望ましいという。

もう1つが「若さ」。柔軟性や適応力は、年を取るにつれて衰えてゆく。一緒に掃除をしたり、ゲームの話で盛り上がれたりするのもせいぜい30代まで。「80歳の親が50歳の子の面倒を見る、いわゆる『8050問題』に至ってしまったら、解決はかなり難しくなる」。

だから「8050問題」に発展してしまう前に、両親や支援団体が手を差し伸べることが重要だと、杉浦氏は力を込める。

一度ひきこもった人が社会に復帰するには、いくつもの壁がある。

朝、決まった時間に起きる。通勤電車に乗る。1日に7~8時間働く。何かあれば上司に報告する。周囲とコミュニケーションを取りながら協調する。普通のビジネスパーソンであれば毎日こなしていることが、ひきこもり経験者には容易ではない。

採用企業の本音

建設機械の部品を製造する田村歯車工業(東京都西多摩郡)の田村方人社長は、2019年からひきこもり経験者を採用している。

機械音と油のにおいがこもる工場の隅では、作業着に身を包んだ37歳と23歳の男性が、黙々と作業をしていた。田村社長は「2人ともひきこもり経験者でコミュニケーションは不得手。だが、集中力はすごい」と目を見張る。「社会性に欠ける」「人と話せない」などといわれるひきこもり経験者だが、であればこそ、働く場を企業が与えることは地域への貢献、社会への責任だと田村社長は語る。

ひきこもり経験者の採用について、田村社長には引っかかっていることがある。2018年に採用した35歳の男性のことだ。

厚生労働省の多摩若者サポートステーションの実習先として男性が田村歯車工業に通い始めたのは18年1月のこと。1日4時間、週3日という形でスタートすると、3月には直接雇用へと切り替わった。理由は「とても実直そうに見えた」(田村社長)ことだ。男性と田村社長は、雇用保険への加入が認められる「週20時間」を目標にしようと、話し合って決めた。

ところが田村社長が考えていたようには労働時間が伸びていかなかった。話し合う場を何度も設けたが、労働時間を伸ばすための方策が本人の口から出てこない。

あるとき、「何か悩んでいることがあるのか」と田村社長が尋ねると、驚くべき返事があった。「軽い狭心症があると診断されました」。

息が苦しくなったり胸が痛んだりする狭心症は、心筋梗塞にもつながりうる看過できない病。「そんな大事なことを、なぜ私に黙っていた」。田村社長は強くただしたが、本人は弁明しなかった。そして1週間後に退職した。

なぜ、自分に報告をしなかったのか。ほかにやり方はなかったか。田村社長の中には、今でも釈然としないものが残っている。「自分ははっきりと物を言ってしまうほうだから」と、思い当たるフシを探ったこともある。

「彼らは、怠けているわけでも反発しているわけでもない。実社会に接してこなかった分だけ、目には見えない溝ができている。溝を埋めるために、周りがどんなことでも経験させてあげることが大切なのだろう」

田村社長は今、そう考えている。

働き続けることを重視

「今日は仕事に行きたくないなあという朝はどうするんですか」

生徒の質問に、尾崎江莉花さん（29）は答えた。

「毎朝の歯磨きと同じように、仕事に行くことも習慣化する」

「お店で、嫌な客がいたらどういうふうに対応するんですか」

「とにかく下手（したて）に出て、最優先で対応しているという姿勢を示す」

NPO法人・侍学園スクオーラ・今人（イマジン）。不登校やひきこもりの経験者が社会復帰を目指して通うこの学園は、長野県上田市にある。2019年12月、学園を訪問したOGの尾崎さんが、後輩たちの率直な質問に答えていた。

今でこそ堂々と人前に立って話す尾崎さんだが、ここに至る道のりは平坦ではなかった。いじめや家庭崩壊が重なり、学校に行けなくなったのは中学1年の頃。ひきこもり生活が始まり、通信制高校も途中で退学した。

19歳になったある日、親から問われる。「これからどうする。生活保護を受けながら生きていくのか。それとも侍学園に入って、もう一度頑張ってみるのか」。尾崎さんは入学を決めた。
だが、中学1年までしか学校に通っていない尾崎さんにとって、周囲と同じペースで寝起きする寮生活や、田植え、体育祭、学園祭といったほかの生徒との共同作業は緊張の連続だった。「周りの人に迷惑をかけてはいけないと、毎日それぱかり考えていた」。

侍学園は学年制を取らない代わり、生徒に卒業に必要な課題を設けている。①経済的自立の可能性（1つの場所で3カ月以上働き続けていること）、②精神的自立の可能性、③自己決定、の3つだ。教頭の平形有子さんは「居場所づくりを目的にしているわけではない。社会で働き、生きていく力を身に付けてもらわなくてはならない」と、その狙いを語る。

尾崎さんの最初の挑戦はファストフード店でのアルバイト。だが、客の出入りも店員の動きも息もつかせぬ速さで、尾崎さんはついていけなかった。つねに後れを取る尾崎さんに対する周囲の視線も冷たく、初戦は「惨敗に終わった」（尾崎さん）。
しばらくは学園と提携する書店で、アルバイトで働くペースをつかみ直し、再び挑戦したのがホームセンターの店員だった。ここで「3カ月以上」働き続け、卒業認定がおりたのは3年前のこと。入学から7年が経過していたが、学園のスタッフや同窓生など「一生感謝できる大切な人たちに出会えたから」と、後悔はない。

ただ、現在の雇用形態は非正規のアルバイトだ。一人暮らしの生活費を賄いきれる収入ではない。

「できれば正社員になりたいけれど、今はまだ『働き続ける』ことを重視している。自分の力量を超えた業務内容に耐えきれず辞めてしまったら、元も子もないから」

ペースは速くないが、確かな足取りだ。

（野中大樹）

INTERVIEW

ひきこもり支援には開かれた社会が大切だ

育て上げネット　代表理事・工藤　啓

首相官邸で2019年11月に開かれた「就職氷河期世代支援の推進に向けた全国プラットフォーム」には支援団体も招聘され、政府に要望を伝えた。その1つ、認定NPO法人・育て上げネットの代表理事の工藤啓さんに聞いた。

―― 政府にはどのような要望を。

大きく2つのことを求めた。

1つは、当事者への交通費支給だ。就職氷河期世代の中には、親の資金に頼ることができず、貯金など資力に乏しい人がいる。そういう人は政府の施策に乗りたくても乗れない。

育て上げネットは若年者就労基礎訓練プログラム「ジョブトレ」を行っているが、費用は応能負担型を採用している。費用負担が難しい方は、寄付を充当しながら無償で受けられるようにしている。しかし2010年ごろからプログラムの受講をためらう若者が目立ち始めた。そこで交通費を支給するようにしたら、参加者はどんどん増えた。交通費など実費負担の原則が当事者の参加を阻む要因であることがわかった。

そうした実情を政府に理解してもらうため、当日は、ジョブトレで若者と関わるスタッフも随行人として連れていき、現場の声を安倍晋三首相らに伝えた。

政府内でどういった議論があったのかわからないが、19年12月に発表された「就職氷河期世代支援に関する行動計画2019」には、交通費の支給が明記された。

もう1つ、政府に伝えたのは理念的なこと。ひきこもっている人々に社会参加を促そうとするとき、はたして今の社会はひきこもっている人にとって参加しやすいのか、参加したいと思えるような社会なのかを考えてみる必要があるということだ。すると行動計画には「彼ら自身が参加したいと思えるような、開かれた社会を創っていくことこそが、より本質的なゴールである」という文言が入った。とてもよかったと思っている。

雇われる以外の道もある

――「就労支援」の大切さを説いています。それは「就職支援」とは意味合いが違いますか。

多くの人が、就労支援と言いながら実際は就職支援をしている。正社員であろうとアルバイトであろうと「雇われる」ことを支援するのは就職支援だ。雇われるためには一定の型にはまる必要が出てくる。それはひきこもっていた人にとってハードルが高いし、とくに若い世代にとっては窮屈だ。

私たちの活動の目的は、面接試験に合格する人間をつくることではない。その人に合った「働く」を一緒に考え、伴走していくことだ。その中に就職もあれば、いくつかの「働く」を組み合わせることもある。壁があれば、小さな踏み台を用意してみる。そうした一連の試みが就労支援だ。

学校教育もこれまでは「正社員として雇われる人間をつくる」ことに重きが置かれていた。ある高校生が家計を助けるために「ユーチューバー」として小銭を稼いでいると、「ちゃんとしたバイトをしなさい」と助言した教師がいたそうだ。「ちゃんと」とは「ちゃんと雇われなさい」という意味なのだろう。家計を助けるのであれば汗水垂らして……といった道徳観からくる言葉だ。テクノロジーの進化で稼ぎ方も多様になった。教育のありようも変わってほしい。

確かに現行制度では正社員が最も安定的であるのは間違いない。国には今後、正社員ではない働き方をしている人が不利益を被らないような制度設計を期待している。

（聞き手・野中大樹）

工藤　啓（くどう・けい）

1977年、東京都生まれ。成城大学中退後、米Bellevue College卒業。2001年、「すべての若者が社会的所属を獲得し、働くと働き続けるを実現する社会」を目指して育て上げネットを設立。04年NPO法人化。『NPOで働く』、『無業社会 - 働くことができない若者たちの未来』（共著）など著書多数。

将来への不安に付け込み、はびこる悪徳引き出し業者

「ブタの丸焼きのような格好で連れていかれました」

30代女性のAさんは、恐怖と悔しさで震える声で訴えた。九州の実家で暮らしていたAさんの自室に、見知らぬ男女4人がやってきたのは、2018年12月のこと。彼らは引き戸式のドアを強引に取り外して侵入してきたという。

施設に入ることが決まっていると言う彼らに対し、Aさんは一貫して「行きません」と言い続けた。押し問答が続くこと半日。突然、男性の一人がAさんの両腕を、別の男性が足首をつかみ、宙吊り状態にして自宅前に横付けした車両に押し込んだ。その間、Aさんは「やめて！　触らないで！」と泣き叫び続けたという。

行き先は、東京の株式会社が熊本県内で運営する施設。実はAさんは、いったんは隙

を見て施設を逃げ出し、パトカーに保護された。そこで、警察官に「無理やり連れてこられた」と訴えたが、暴力は振るわれていないとして、再び施設に戻されたという。

その後、Aさんは東京に移送され、ビルの一室で女性職員との同居を強いられた。室内には、風呂の脱衣スペースから見える所に、監視カメラが設置されていたほか、携帯電話や財布は没収され、自分宛ての手紙も勝手に開封された。

Aさんは3カ月後に脱走。この間の出来事を「不安と緊張で、もう死ぬしかないと思っていました。夜、タオルで自分の首を絞めたこともありました」と振り返る。

逃れようとして死亡事故

この施設では、2018年夏にも入居者7人が弁護士らに〝救出〟を依頼している。そのうちの一人、30代男性のBさんも自宅から連れ出される際、片腕を背中に回されるなどの暴行を受けたという。

「『こんなの誘拐じゃないか！』と叫びながら、車に引きずり込まれました。大勢のマンション住人も見ています」。かたくなに入居を拒んだBさんはその後、都内の精神科病院に入院させられた。病院では3日間にわたり、拘束帯とおむつを着けられ、トイレに行くこともできなかったという。

また、別の40代男性は東京から熊本の施設へと送られた。「近くの農場で白菜の苗の定植やクリの皮むきをさせられました。時給は200円でした」と話す。

自立支援をうたう施設のトラブルは各地で起きている。

2019年11月には、静岡県内の新東名高速道路で、神戸市の30代男性が走行中の車の窓から飛び降りて死亡する事故が起きた。男性は神奈川県にある自立支援施設に向かう途中だったとされる。その後、ひきこもり経験者や悪徳引き出し業者の被害者でつくる「暴力的『ひきこもり支援』施設問題を考える会」のメンバーによるSNSには「(移送中)私も同じ気持ちでした」「死ぬとわかっていても、逃げ出せないか車内を探っていた」などの書き込みが相次いだ。

同会の共同代表で、ひきこもり新聞編集長の木村ナオヒロさんは「同様の事故は、入居型の自立支援施設であれば、どこでも起こりえる。警察は単なる交通事故として処理せずに、男性が飛び降りるに至った背景を調べてほしい」と話す。静岡県警は取材に対し、「現在、捜査を継続中」とする。

親・家族の不安や孤立感に付け込む
—引き出し業者のビジネススキーム—

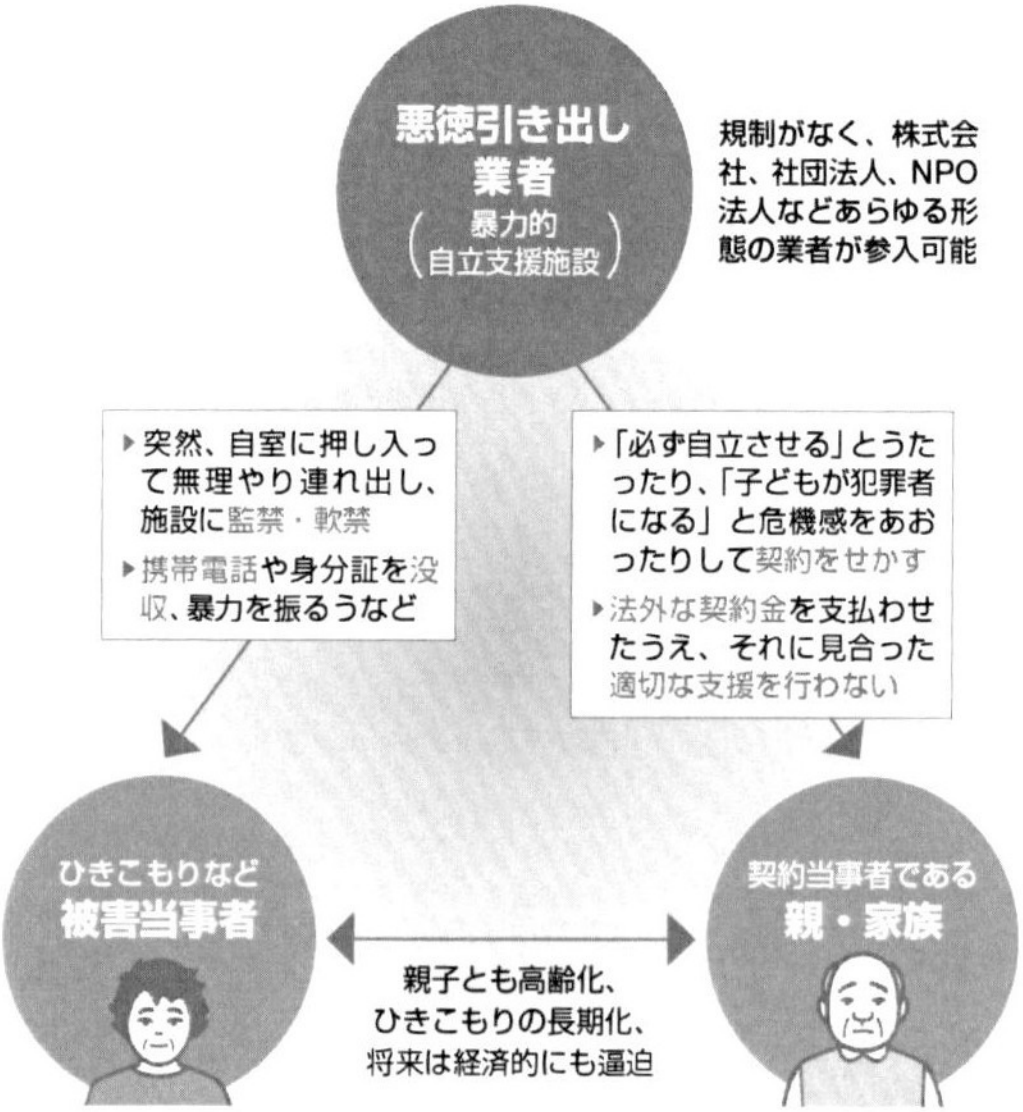
悪徳引き出し業者
（暴力的自立支援施設）
規制がなく、株式会社、社団法人、NPO法人などあらゆる形態の業者が参入可能
▶突然、自宅に押し入って無理やり連れ出し、施設に監禁・軟禁
▶携帯電話や身分証を没収、暴力を振るうなど
▶「必ず自立させる」とうたったり、「子どもが犯罪者になる」と危機感をあおったりして契約をせかす
▶法外な契約金を支払わせたうえ、それに見合った適切な支援を行わない
ひきこもりなど
被害当事者
契約当事者である
親・家族
親子とも高齢化、
ひきこもりの長期化、
将来は経済的にも逼迫

半年で1000万円

〝引き出し業者〟には、具体的な設置・運営基準などの法規制はない。厚生労働省などもホームページで注意を呼びかけるにとどまり、施設数などの実態は不明だ。

悪徳業者の特徴の1つは、高齢の親のわらにもすがる思いに付け込み、法外な金額で契約を結ばせることだ。見積書によると、Aさんは3カ月で約495万円、Bさんは半年で約700万円。契約者はいずれも父親だった。中には、半年で1000万円を超えた事例もある。支援内容も高額な費用に見合っているとはいいがたく、「終日、何もせず過ごした」「自分でアルバイトを探してこいと言われた」などと訴える被害者もいる。

野放し状態の中、引き出し業者の被害は、時にひきこもり状態ではない人にも及ぶ。関東地方在住の30代女性のCさんは、アルバイトなどで生計を立てていた15年9月、突然、玄関のドアチェーンをバールで破壊され、車で連れ去られた。その後、千葉県内のアパートなどに軟禁された。携帯電話や財布は取り上げられ、1日1回しか食事を与えられないこともあった。また、脱走に失敗した後には、脚の付け根部分をあざが残るまで殴る、蹴るなどされたと訴える。「泣きながら、クローゼットに逃げ込みました。もう殺されるんだと思いました」。

なぜこんな事態に陥ったのか。Cさんに代わって母親が説明する。「夫婦や親子間のトラブルについて相談したのがきっかけ。そのとき、娘が一度だけ私を平手でたたいたことも話したのですが、7時間にわたって説得されるうち、いつのまにか娘の家庭内暴力、ひきこもりの問題にされてしまいました。私は（業者にだまされた）被害者でもありますが、娘を傷つけた加害者でもあります」。

Cさんと母親は、計約1700万円の慰謝料などを求めて業者を提訴。2019年12月の東京地方裁判所の判決では、業者側に約500万円の支払いが命じられた。

一部の引き出し業者は取材に対し、「感謝してくれる親子もいる」と主張する。たぶん、それは事実だろう。しかし、たとえ〝実績〟があっても、暴力や軟禁、人権侵害が許される理由にはならない。

子どものために引き出し業者を頼ったことで、親子関係が破綻したり、被害者がPTSD（心的外傷後ストレス障害）に苦しんだりするケースも多い。AさんとCさんは、取材に対して同じことを言った。

「今も、悪夢を見ます」

（ジャーナリスト・藤田和恵）

INTERVIEW

就職と脱ひきこもりへ　市町村や支援団体と連携

全世代型社会保障改革担当相・西村康稔

２０２０年度からの３年間で計６５０億円超の予算を確保し、氷河期世代の正社員３０万人増の目標をぶち上げた安倍政権。個々人の事情に沿った支援をどう実現するのか。計画を指揮する西村康稔・全世代型社会保障改革担当相に話を聞いた。

――氷河期世代への支援は、個人的にも思い入れが強いそうですね。

初当選から間もない頃、「若者を応援する若手議員の会」（若若議連）をつくって会長になった。２０人くらいの当選同期の議員や民間企業の若手社員とともに、ひきこもり支援の事例などを研究し、文部科学省の予算編成などにも働きかけた。多くの専門家や支援団体、NPO（非営利組織）ともそのとき以来のご縁が続いている。

地域が取り組む仕掛け

――政府は、氷河期世代支援をもっと早く始めてよかったのでは？

これまでも政府は助成金を活用した若年層の非正社員から正社員への転換などに取り組んできた。ただ場当たり的なところもあったと思う。今回は総合的に、かつ地方自治体や支援団体、NPOなどの意見を反映し、しっかり連携を取ってやっていく体制をつくることができた。

――支援策のポイントは？

大きく分ければ、正社員転換などの就労支援とひきこもりの方への支援の2つになるが、一人ひとりの事情や意欲の度合いはさまざまだ。個々人に寄り添い、きめ細かに支援を行う必要がある。基本は、その方の自己肯定感を高め、生きがいややりがい、幸福感をどうやって増していくかだろう。

――今回の政策は、多数の支援策のパッケージになっています。

2019年11月に、都道府県や市町村、各種支援団体、経済界が参加する全国レベルのプラットフォームを立ち上げた。これは支援やニーズに関する認識を共有し、意見交換する場であり、都道府県レベルのプラットフォームも立ち上がりつつある。より現場に近い市町村が地域の事情に鑑みながら氷河期世代を応援していく。

19年度補正予算案でも地域への交付金30億円を用意した。講習会の交通費を氷河期世代に支給したり、学生時代の奨学金の返済支援・減免を行ったりと、各地域でいろいろな使い道を考えてもらう。併せて正社員採用する企業に対しても、さまざまな助成金を拡充した。

――宝塚市など官公庁での氷河期世代限定の中途採用も大きなニュースになっています。

国でも2019年12月、厚生労働省、内閣府が正規職員の中途採用を先行して決めたが、20年度からは各府省庁で氷河期世代の中途募集を始める予定だ。地方自治体も募集に協力的で、これらがある程度の規模になれば、それなりの学歴があるのに非正規で経験を積んできた人たちなどにはチャンスになる。

「まだそこまで自信がない」という方々には、講習会や研修で能力開発を行うメニューを多数用意する。アルバイトをしながらでも通いやすいものとしたり、企業と連携して出口（正社員採用）を見据えたメニューを開発したりする計画だ。

――経団連はハローワークを通さない企業の直接募集でも「氷河期限定」の解禁を要望しています。

雇用法制で、採用における年齢での差別は禁止されている。しかし19年8月、公的機関のハローワークに限って氷河期世代に限定した求人を特例で認めた。経済界の要望のように企業の直接求人でもできるよう、厚労省とも協力してぜひ実現したい。

――一方で、経済団体は新卒一括採用などの日本型雇用システムの見直しに取り組んでいます。

新卒一括採用、年功序列の賃金体系、終身雇用という日本型システムは維持するのが難しく、変革しなければならない部分がある。

政府としては中途採用を促進し、転職しながらキャリアアップしていく環境を整備するため、正社員の中途採用比率の公表を大企業に義務づける法案を20年国会に提出する予定だ。転職を考えている人に対して情報開示をしっかりさせる。国際比較では、労働の流動性が高い国ほど、生産性が高いというデータもある。

――一部のメディアには、将来の氷河期世代の生活保護受給額を過大に強調し、政府はそれを避けるために慌てて支援を始めたとの論調もあります。

過去6年間、生産年齢人口（15～64歳）が計約500万人減る一方で、就業者数は計約450万人増加した。厚生年金にも新たに約500万人が加入した。支え手に回る人が増えることで社会保障制度が安定してくるし、個々の人たちの年金も将来増えることになる。何より、働きたいと思う人が生きがい、やりがいを持って働くことができ、ひきこもりの方々も社会に出る機会、きっかけを見つけられるよう、応援したい。その結果として、日々の生活や老後も安定することになる。

悪徳業者は排除する

――ひきこもり支援の現場を取材すると、強引に家から引き出すところもあれば、長い時間をかけて取り組むところもあり、手法について意見がぶつかっています。

確かに手法はさまざまで、割と無理やり連れ出して、外で何か作業をさせるところもある。一方で、若若議連の時代に知り合った支援団体では、ひきこもりだった子が豆腐屋さんなどでの職業体験を通じて「自分が頼りにされている」という感覚を持ち、それが社会に出るきっかけになったというところもある。また上場企業のデジタルハーツは、ゲームの不具合（バグ）を探す事業でひきこもり経験者を採用しており、「自分の趣味を生かせる世界がある」ことを知って前向きになり、採用数年後には主任になった人もいる。何らかのきっかけ、気づきのあることが重要だろう。

――ひきこもりの人も、一人ひとりの抱える事情が違います。

政府としては失業対策というより、福祉政策の視点を持つ必要がある。ひきこもり支援は就労だけが出口ではない、と支援者の方々も口々に言われている。最終的には就労まで行けばいいが、まずは家から出て、社会との何らかの関わりをつくってもらう。そのためのきっかけはさまざまであり、都道府県プラットフォームを活用して各地域が一人ひとりに寄り添った取り組みを進めてほしい。

――中には法外なお金を請求して、ひきこもりの人の引き出しを行うような業者もいます。

人の弱みに付け込んでそういうことをやるのは、もってのほかだ。市町村や地域の支援団体、ボランティア、専門家が協力する体制をつくって、そうした業者は入り込ませない。消費生活センターとも連携して、いろんな相談に応じる体制もつくりたい。

（聞き手・野村明弘、野中大樹）

西村康稔（にしむら・やすとし）

1962年生まれ。兵庫県出身。85年東京大学法学部卒業後、通商産業省（現経済産業省）入省。米メリーランド大学公共政策大学院で修士号取得。2003年衆議院選挙にて初当選。外務大臣政務官、内閣府副大臣、内閣官房副長官などを歴任。19年9月から現職、経済再生担当相兼務。

【週刊東洋経済】

本書は、東洋経済新報社『週刊東洋経済』2020年1月25日号より抜粋、加筆修正のうえ制作しています。この記事が完全収録された底本をはじめ、雑誌バックナンバーは小社ホームページからもお求めいただけます。

小社では、『週刊東洋経済eビジネス新書』シリーズをはじめ、このほかにも多数の電子書籍ラインナップをそろえております。ぜひストアにて「東洋経済」で検索してみてください。

『週刊東洋経済eビジネス新書』シリーズ

No.311　脱炭素経営
No.312　5G革命
No.313　クスリの大罪
No.314　お金の教科書
No.315　銀行員の岐路

No.330 決算書＆ファイナンス入門

No.331 介護大全

No.332 ビジネスに効く健康法

No.333 新幹線 ｖｓ．エアライン

No.334 日本史における天皇

No.335 ＥＣ覇権バトル

No.336 検証！ ＮＨＫの正体

No.337 強い理系大学

No.338 世界史＆宗教のツボ

No.339 ＭＡＲＣＨ大解剖

No.340 病院が壊れる

週刊東洋経済 eビジネス新書　No.341

就職氷河期を救え！

【本誌（底本）】

編集局　　　野村明弘、風間直樹、林　哲矢、井艸恵美、佃　陸生

デザイン　　小林由依

進行管理　　三隅多香子

発行日　　　2020年1月25日

【電子版】

編集制作　　塚田由紀夫、長谷川　隆

デザイン　　市川和代

制作協力　　丸井工文社

発行日　　　2020年8月11日　Ver.1

発行所　〒103-8345
東京都中央区日本橋本石町1-2-1
東洋経済新報社
電話　東洋経済コールセンター
03（6386）1040
https://toyokeizai.net/
発行人　駒橋憲一

電子書籍化に際しては、仕様上の都合などにより適宜編集を加えています。登場人物に関する情報、価格、為替レートなどは、特に記載のない限り底本編集当時のものです。一部の漢字を簡易慣用字体やかなで表記している場合があります。本書は縦書きでレイアウトしています。ご覧になる機種により表示に差が生じることがあります。

※本刊行物は、電子書籍版に基づいてプリントオンデマンド版として作成されたものです。